전환기교육,

천 개의 해방구를 상상하며

전환기교육, 천 개의 해방구를 상상하며

초판 1쇄 인쇄 2022년 1월 25일 **초판 1쇄 발행** 2022년 2월 3일
글쓴이 이치열 외 **펴낸이** 현병호 **편집** 김재영, 장희숙 **펴낸곳** 도서출판 민들레
출판등록 1998년 8월 28일 제10-1632호 **주소** 서울시 성북구 동소문로 47-15
전화 02) 322-1603 **이메일** mindlebook@gmail.com **홈페이지** www.mindle.org
ISBN 979-11-91621-08-2 (03370)

민들레 선집 **11**

길을 찾는 십대와 이십대에게 쉼과 전환의 시간을! ——

편집실 엮음

전환기교육,
천 개의 해방구를 상상하며

주어진 시간표대로 살아온 청소년들에게 삶을 기획할 용기와 시간을 주는
전환기교육의 의미와 다양한 실천 사례를 소개한다.

민들레

떠밀리는 삶을 잠시 멈추고

　이 시대에 번아웃은 '열일하는' 직장인에게만 해당하는 이야기가 아닌 듯합니다. 불멍, 물멍… 청소년들 사이에서도 '멍 때리는 것'이 유행입니다. 무얼 하고 싶은지 물어보면 아무것도 안 하고 싶다고, 더 격렬하게 아무것도 안 하고 싶다고 외칩니다. 어려서부터 정해진 코스 따라 주어진 과업을 쉼 없이 '클리어'해온 세대의 소심한 반항일까요? 정해진 트랙 위를 전력 질주하면서도 정작 어디로 가는지, 왜 가는지 생각할 새 없었던 청소년들에게 '쉼과 전환의 교육'이 필요하다는 이야기가 나온 지도 꽤 되었습니다.

유럽과 미국, 캐나다에서는 상급학교 진학의 틈새에 자기를 돌아보고 진로를 탐색하는 '갭이어gap year'가 정규 교육과정에 포함되어 있는 경우가 많습니다. 2014년 세월호 참사 이후 교육의 변화를 고민하며 한국에서도 '삶의 의미와 방향을 찾는 전환기교육'에 관한 논의와 시도가 시작되었지만 확산의 속도는 더딘 듯합니다.

멍 때리고 싶은 욕구를 넘어 무기력과 우울을 경험하는 청소년들이 늘어가고, 성인 나이가 되어서도 길을 찾지 못해 방황하는 이들을 보면 성장기에 전환의 시간을 제도적으로 '보장'하는 일이 시급해 보입니다. 움직이는 모든 것에는 관성의 힘이 작용하기 마련이어서 우리 삶도 자칫 그 힘에 휩쓸려 살아가기 쉽지요. 떠밀려가지 않고 자신이 원하는 방향으로 나아갈 수 있으려면 개인의 노력도 필요하지만 사회 또한 그 의지를 도와야 할 것입니다.

학교를 멈춰 세운 코로나 팬데믹 앞에서 우리는 당연하게 생각해오던 '학교'에 대해 다시 질문을 던집니다. 학교는 날마다 가야만 할까요? 12년의 정규 교육과정을 쉼 없이 '정주행'한다는 것은 어떤 의미일까요? 그 질문에 응답하는 마음으로 그간 격월간 『민들레』에 실린 '삶을 전환하는 교육'에 관한 이야기를 한데 모았습니다.

책을 펴내며 용어에 대한 고민도 깊었습니다. 이미 교육계에서는 전환학년, 전환학교, 전환교육, 전환기교육 등을 혼용해 쓰고 있지만 '틈새의 시간'을 강조하는 것이 좋겠다 싶어서 이 책의 공저자 이치열 선생이 제안한 '전환기교육'이란 용어를 쓰기로 했습니다. 이 책이 질주를 강요하는 교육 시스템에 '브레이크'를 걸 수 있길, 그리하여 쉴 틈 없이 빡빡한 아이들의 삶에 숨통을 트는 '쉼표 하나' 찍을 수 있기를 바랍니다.

2022년 1월

장희숙 (『민들레』편집장)

차 례

2

1부
삶의 전환, 교육의 전환

자기 삶의 주권을 되찾는 시간

3년 내내 야근하는 청소년들

고등학생들을 만난 자리에서 "요즘도 개근상이 있느냐"고 얼핏 물었다가 부모성토대회로 이어진 적이 있다.

"축구하다가 발을 다쳤는데 자고 일어나니까 퉁퉁 부은 거예요. 아파 죽겠는데 엄마가 수업 빼먹으면 안 된다고 해서 부은 발에 슬리퍼 끌고 겨우 학교 갔어요. 나중에 보니까 발가락 세 개가 부러졌더라고요."

_____

장희숙 _ 제천간디학교에서 아이들을 만나다 지금은 격월간 『민들레』 편집장을 맡고 있다.

"공부 못해서 학력우수상 이런 거 못 받는 애들은 엎드려 잠만 자면서도 결석은 안 해요. 엄마가 나중에 사회생활 하려면 개근상이라도 받아 오라고 했대요."

개근상은 틈을 허락지 않는 한국 교육의 표상이다. 3년, 6년, 혹은 12년 동안 하루도 결석하지 않았다는 건 그들이 병치레한 번 없을 만큼 건강했다는 게 아니라 아픈 몸을 이끌고도 꾸역꾸역 학교에 갔다는 뜻이며, 집안의 어떤 대소사도 '학교 출석'에 우선하는 건 없었다는 뜻이다. 예로부터 학교의 절대 권력을 숭배하던 많은 부모들이 아파 죽겠다는 아이에게 '죽어도 학교 가서 죽으라'며 등을 떠밀지 않았던가. 심지어 몇 년 전 경기도교육청에서 아이들 아침밥 좀 먹고 오게 하자며 9시 등교를 시행했을 때, 일부 부모들이 반대한 이유는 '공부할 시간이 줄어든다'는 거였다.(8시 30분에서 9시로, 30분 늦춰지는 데도!)

이제는 개근상이 없어진 학교도 많고, 체험학습이란 명목으로 공식적 결석이 가능하지만, 그렇다고 개근상이 상징하던 '근면 성실'의 위력까지 사라진 건 아닌 듯하다. 아이 문제를 상담할 때 걱정하는 부모들의 첫마디는 "학교를 안 가려고 해요"이다. 본디 아이들이란 '학교에 있어야 하는 존재'라고 생각하기 때문이다. 학교 밖을 두려워하는 부모들을 탓할 수도 없는 것이, 여전히 사회는 학교를 가지 않는 아이에 대한 편견이 심하고, 학교 말고는 딱히 갈 곳이 없는 빈약한 현실마저 이 두려움을 무한 재생산한다.

　잡지 마감으로 야근을 할 때면 자주 대한민국 고등학생들을 떠올린다. 며칠 무리해서 일하는 것도 이렇게 힘든데 밤마다 야근하는 10대들이라니. 그것도 3년 내내. 청소년인권단체 '아수나로'가 조사한 결과에 따르면 지금도 인문계 고등학교 98퍼센트가 야간자율학습을 실시하고, 학생들은 하루 평균 12시간 학교에 머무른다.『길들여지는 아이들』저자이자 미국 알바니프리스쿨 교사인 크리스 메르코글리아노가 한국을 방문했을 때, 그는 늦은 밤 야자를 마치고 우르르 횡단보도를 건너는 고등학생들을 보고 소리쳤다. 한국 교육이 생각보다 훨씬 더 "크레이지crazy!" 하다고. 그러나 그들이 집으로 돌아가는 게 아니라는 걸, 학원 가고 독서실 갔다가 자정이 넘어서야 귀가한다는 사실을 알았다면 어떤 말을 덧붙였을까.

　가만히 생각해보면 호기심 많고 궁금한 것투성이일 아이들이 가야 할 곳, 갈 수 있는 곳이 학교밖에 없다는 것은 참 슬픈 현실이다. 세상에는 신기하고 아름답고 재미난 곳이 얼마나 많은가. 인생의 꽃다운 시절을 답답한 공간에서 시들시들한 배춧잎처럼 보내고 있는 것이 가엾지도 않은지, 부모들은 수시로 "어디냐?"며 잠시도 한눈팔지 못하도록 아이의 동선을 추적한다. 잔소리를 듣지 않으려면 '말 잘 듣는' 것으로 부모를 안심시켜야 하는 아이들은 과연 어떤 꿈을 꾸면서 살고 있을까.

전환을 돕는 다양한 시도들

유럽에는 청소년기에 자신과 세상을 돌아보는 시간을 보장하는 제도가 일찍이 정착되었다. 일 년 동안 전환의 시간을 가진다는 의미에서 전환학년transition year, 혹은 일 년의 틈새 시기를 보낸다고 해서 갭이어gap year라고도 하는 이 교육 시스템이 한국에 널리 알려진 것은 미국 오바마 대통령의 딸 덕분이다. 하버드대학에 합격한 오바마의 큰딸이 바로 진학을 하지 않고 갭이어 시간을 가진 것이 화제가 되면서, 미국의 갭이어 상황도 조명을 받았다.

미국에서는 우수한 대학생들의 자퇴 비율이 늘자 갭이어 제도를 도입하기 시작했는데, 최근 그 수요가 눈에 띄게 증가하는 추세라고 한다. 일 년 동안 학생들은 주로 여행을 떠나거나 여러 가지 직업 체험의 시간을 갖는데, 2016년에는 전년 대비 20퍼센트 이상 증가한 4만여 명이 갭이어를 선택했다. 갭이어를 보낸 청년들이 진로와 전공을 선택하는 과정에서 자신감을 갖고 학업에서도 좋은 결과를 보인다는 것이 확연히 드러남에 따라, 많은 대학이 입학생들에게 이 제도를 권장하고 있다. 갭이어가 부유층 학생들의 전유물이라는 비판이 나오자, 일부 대학은 저소득층 학생들의 갭이어를 위해 재정 지원을 하고 있기도 하다.

한국에서도 질주를 강요하는 촘촘한 교육 시스템에 균열 조짐이 나타나고 있다. 최근 교육부에서는 의무교육 단계에 있으나 학교에 다니지 않는 학생의 안전과 교육을 국가가 책임지겠다고 나섰다. 그동안 학교 밖 청소년의 지원 방향은 '다시 학교로 돌아오게 하는 것'에 초점이 있었는데, 이들의 학교 복귀가 사실상 어렵다는 사실을 인정하고 학교 밖에서 학력을 인정받을 수 있는 경로를 제도적으로 만들겠다는 것이다. 지정된 기관에서의 학점은행으로 학력을 인정하는 정도의 시스템이지만, 더 이상 학교 시스템 안에 아이들을 가두는 것이 불가능하다는 한계를 인식했다는 점에서 교육과 학교의 기능을 재고해볼 수 있는 고무적인 정책이기도 하다.

공교육 안에서 중학교 자유학기(년)제나 방과후 교육, 마을학교처럼 기존 과정을 운영하면서 부분적으로 교육의 빈고리를 채우는 정책도 있지만, 좀 더 과감하게 '획일화된 교육으로부터의 탈주'를 선언한 것은 서울시교육청이 시행하고 있는 '오디세이학교'다. 1년 후엔 원적학교로 돌아가는 것을 전제로 하고 있어 기본교과를 이수해야 하고, 통학형이어서 급진적인 변화를 꾀하기 어려운 한계는 있지만, 일 년간의 교육 경험이 학력으로 인정되어 2학년으로 진급할 수 있다는 장점이 있다. 다시 돌아갈 곳이 보장되어 있다는 점도 부모나 아이들 입장에서 안심할 수 있는 요소다.

비슷한 청소년 갭이어 모델로 덴마크 애프터스콜레[1]처럼 일 년 과정의 자유학교가 비인가 형태로 생겨나고 있다. 강화도의 '꿈틀리인생학교'나 함께여는교육연구소가 마련한 '열일곱인생학교' 같은 곳이 대표적인데, 16~18세 학생들에게 자기를 돌아보고 삶을 전환하는 계기를 만들어주고자 하는 학교다. '방학이 일 년'이라는 개념으로, 딸아이의 휴학 경험을 사회적으로 확대한 '꽃다운친구들' 같은 유연한 모델도 생겨났다. 학교를 잠시 쉬면서 진로를 탐색하고 싶지만 혼자서는 막막한 청소년들에게 많은 도움이 될 것이다.

일 년은 아니지만 틈새 시간을 활용해 청년들의 삶을 지원하는 좋은 사례로 '21세기청소년공동체희망'이 매년 수능이 끝날 무렵 진행하는 '열아홉, 스물'이라는 프로그램이 있다. '내 인생의 한 뼘 성장, 스무 살을 준비하는 고3 프로그램'은 12월부터 이듬해 2월까지 3개월 동안 '노동 권리 배우기' '인생 선배 만나기' '사회심리학' 같은 강좌와 여행, 연탄 배달, 사회참여 등 이웃과 사회에 대한 다양한 체험활동을 하는데, 참가자들의 만족도가 무척 높다. 사회에 첫발을 내딛는 청년들에겐 그동안 어디서도 배울 수 없었던 삶의 철학뿐 아니라 사회인으로서 필

---

1 중학교 과정을 마치고 고등학교에 진학하기 전에 자아와 진로를 탐색하고 싶은 학생들이 선택해서 가는 일 년 과정의 기숙형 자유학교로 영화, 스포츠 등 특성별로 다양한 250여 개 학교가 있다. 덴마크 청소년들의 30% 정도가 이 과정을 거친다.

요한 상식도 채울 수 있는 기회이기 때문이다. 막 스무 살이 된 한 청년은 이 프로그램을 통해 성인이 되는 마음가짐을 준비할 수 있어서 좋았다고 했다. 열아홉에서 스무 살로 넘어서면서 하룻밤 사이에 공식적 성인이 되었는데 어디서도 가르쳐주지 않던 것들을 배웠으며, 특히 노동의 권리를 공부한 것이 아르바이트를 할 때 실질적인 도움이 되었다고 한다.

삶에서 중요한 것들은 어디서 배울 수 있을까

아무리 오래 학교를 다녀도 정작 삶에서 중요한 것들은 알려주지 않는다는 한 청년의 목소리가 가슴에 오래 남는다. 어른이 된다고 저절로 알게 되지도 않는데, 어딜 향하는지도 모른 채 질주하며 멈추기를 두려워하는 한국의 교육 상황에서는 더욱 그 속도에 브레이크를 거는 제도적 장치가 필요하다.

삶의 전환과 변태의 시간을 시스템으로 보장하는 것은 '천천히 가도 괜찮다'는 인식을 사회적으로 용인하는 것이고, '옆을 살피는 것'이 낙오나 도태가 아니라 새 길을 찾는 시도란 걸 인정하는 것이다. '아프니까 청춘이다' '천 번을 흔들려야 어른이 된다' 같은 밀들이 청년들의 냉소를 산 것은 헬조선을 살아가는 그들에게 필요한 것이 값싼 위로의 말이 아니라 자신의 가능성을 탐색해볼 수 있는 안전한 시공간이기 때문이다.

담임으로 아이들을 만나던 시절 내가 가장 먼저 시도했던 일은 '제 삶의 주권을 되찾는' 연습이었다. 학기 초가 되면 명령과 지시에 익숙해져 있던 신입생들은 끊임없이 물었다. "화장실 다녀와도 돼요?" "자리 바꿔도 돼요?" "이거 가져가도 돼요?" "기숙사 가도 돼요?" 그들이 어른들에게 허락을 받아야만 할 수 있는 영역이 생각보다 넓다는 사실이 놀라웠다. '돼요, 안 돼요?'는 질문이 아니라 자기 결정권을 타인에게 양도한 채 허락을 구하는 말이라는 사실을 아이들에게 반복해서 알려주어야 했다. "네 행동을 허락할 권한은 담임인 내게 없으며, 그 행동이 교실의 다른 이들에게 영향을 주는 일이라면 함께 의논을 해주면 좋겠다"고 말했다.

자신의 자유의지는 누군가의 허락이 아니라 자기 자신에 의해 작동하는 것이며, 다만 그 행동에는 책임이 따를 뿐이라는 것을 아이들 스스로 인식하기까지는 꽤 오랜 시간이 걸렸다. 그 과정에는 실패를 다그치지 않고 지켜봐주는 따뜻한 시선이 결정적 역할을 했다고 본다. 결정권이 자신에게 있다는 것조차 몰랐을 뿐 아니라, 작은 것 하나도 스스로 결정하길(책임지길) 두려워했던 아이들에게 '실패할 수 있는 용기'와 '방황해도 괜찮은 기회'가 주어진 것이다.

인생이란 누가 대신 살아줄 수 없는 저만의 몫이다. 그것은 축복이기도, 부담이기도 하다. 소설가 알랭 드 보통이 성인들을

위해 만든 인생학교가 세계적으로 번지며 인기를 끌고 있는 것
은, 애어른 할 것 없이 누구나 제 인생을 제대로 살아보고픈 욕
구를 갖고 있기 때문 아닐까.

　더 많은 아이들이 천천히 자기를 들여다보며 사람을 이해하
고 세상을 궁금해하며 제 안의 아름다움을 발견하는 시간을 갖
기를, 시들시들한 배춧잎이 아니라 새벽이슬 품은 토란잎처럼
생기 넘치기를, 성장기를 놓쳤지만 성장이 필요한 어른들도 부
디 그럴 수 있기를 바란다.

(vol. 107, 2016. 9-10)

이행의 시대, 틈새 시기를 상상하며

망하기 직전의 세상을 구할 수 있을까

"이번 생은 망했어요." 한때 청년들이 입에 달고 살던 표현이다. 예전에는 이런 식의 표현에 '너무 과장되었다, 그래도 일말의 희망이 남아 있지 않느냐'고 짜증을 내던 사람들이 있었다. 그런데 그런 사람들도 강남역과 구의역에서 청년들이 목숨을 잃고, 인공지능의 등장과 기후위기, 코로나 팬데믹 등의 변화를 겪으면서 입을 다물기 시작했다. 이젠 세대를 막론하고

이충한 _ 하자센터 기획부장으로 일하고 있다. 무중력 상태에 빠진 청소년들을 돕는 사회적기업 '유자살롱'에서 5년간 일한 경험을 토대로 『유유자적 피플』 『비노동 사회를 사는 청년, 니트』를 썼다.

세상이 커다란 위기 앞에 놓여 있다는 공감대가 생기고 있는 듯하다.

그렇다면 어떻게 해야 세상이 덜 비참하게 망하도록 돕거나, 혹은 망하기 직전의 세상을 구할 수 있을까? 그건 '우리가 알고 있던 세상이 망했다는 사실'을 인정하는 것, 우리가 '다음 생'을 기약하는 대신 '다른 세상'으로 이행해야 한다는 사실을 깨닫는 것에서 시작한다.

'이행'이란 단어가 좀 거창해 보이긴 하지만 사전적 의미로는 단순히 '다른 상태로 옮아가는 것'을 의미한다. 이 세상은 이미 다른 상태로 옮아가고 있다. 그것도 점점 빨리. 그리고 그 방향은, 안타깝게도 그다지 바람직한 쪽은 아닌 것 같다. 지구는 점점 뜨거워지고, 마치 균형이라도 맞추려는 듯 사회는 점점 차가워진다. 기계는 똑똑해지고, 사람은 멍청해진다. 소비할 것은 많아지고, 임금은 줄어든다.

산업주의 시대의 한국 사회를 우주왕복선에 비유해보자. 첫 이륙은 아주 힘든 과정이었다. 온갖 고철을 모으고 옆 나라의 설계도를 커닝해가며 우리만의 우주선을 열심히 만들었다. 그리고 오래지 않아 연료를 가득 채워 폭발적인 에너지를 얻었다. 이륙의 과정은 힘들었지만 1억 달러, 10억 달러, 100억 달러… 그렇게 대기권을 탈출하고 궤도에 오르면 다 함께 과실을 베어먹을 수 있으리라 생각했다. 하지만 갑자기 연료가 고갈되어간다는 알람이 울렸다. 우리의 오랜 무기였던 '고숙련 저임금'이라는 연료는 높은 고도에서 사용이 불가능했던 것이다. 맨 오른쪽에 앉은 조종사는 연료탱크를 압축해서 '더 고숙련, 더 저임금' 연료를 만들어야 한다고 주장한다. 중간에서 약간 왼쪽의 다른 조종사는 '약간 더 균등한 배분'을 통해 연료탱크 내의 불균형을 해소하면 된다고 주장한다. 하지만 둘 다 틀렸다. 이 연료로 더 높이 올라갈 수 있는 방법은 없다. 우리가 더 이상 창공을 향해 날아오를 수 없게 되었다는 사실을 인정해야 하는 시기에 다다른 것이다.

이 상황에서, 얼마 남지 않은 연료를 가장 잘 쓸 수 있는 방법은 기수를 위가 아닌 옆으로 향하게 해서 '활강'할 수 있는 가장 좋은 코스를 찾는 것이다. 그래야 마지막 추진력을 사용할 수 있다. 급가속을 위해 접어두었던•날개도 활짝 펴서 활강모드로 변경해야 한다. 이제 공기저항이란 피해야 할 것이 아니라 이용해야 할 것이 되었기 때문이다. 그리고 '뭣이 중헌지' 잘 파악해서 버릴 수 있는 짐은 버려야 한다. 그렇게 시간을 번 후에, 열심히 궁리해서 새로운 화학연료를 만들어 내거나 연착륙할 수 있는 적절한 지형을 찾는 것이 가장 합리적인 결정이다.

하지만 운동에너지가 제로에 가까워졌다고 해서 진짜로 우리의 에너지가 바닥난 것은 아니다. 오히려 우린 지금 '정점'에 있다. 그동안의 운동에너지는 우리의 고도만큼 위치에너지로 바뀌어 있다. 방향을 전환하여 바람을 타게 되면 생각보다 오랜 기간 떠 있을 수 있을지도 모른다. 단지 결정을 내릴 수 있는 시간이 얼마 남지 않았을 뿐이다. 망설이다가 연료가 다해서 수직낙하로 이어지면, 우리가 가진 위치에너지는 고스란히 우리를 파괴하는 에너지로 전환될 것이다.

문명의 전환기, 진로의 의미

이런 문명의 전환기, 산업구조의 이행기를 살고 있는 아이들에게 미래의 '진로'란 어떤 의미일까.

외부에서 진로 관련 강의를 할 때는 대략 이런 식으로 설명한다. '이전까지의 점진적 성장시대에는 선형적 단일 진로 모델이 가능했다면, 파괴적 혁신시대로 접어들면서 비선형적 다중 진로 모델로 바뀌었다'고. 하지만 사실 이건 너무 온건한 표현이다. 현실은 '진로' 자체가 없어진 것이나 마찬가지다. "태풍은 좋겠다. 진로라도 정해져 있어서…"라는 푸념 글은 너무나 웃프다. '문과나 이과나 테크 트리의 끝에는 치킨집 창업이 있다'는 수형도도 웃어넘길 수가 없다. '어떤 기술을 배우든 얼마 있으면 알파고의 사촌들이 그 영역을 모두 점령할 것이다'라는 미래학자들의 전망에는 짜증까지 난다.

그러면 우리의 청소년과 청년들은 어떻게 해야 하나. 기성세대가 겪었던 진로 모델이 망가졌다는 것은 알지만, 새로운 시대의 진로 모델이 무엇인지는 아직 아무도 모른다. 안정적인 진로를 구축하는 것이 불가능해졌다면, 최소한의 핵심 역량을 확실하게 짊어지고 이 일 저 일 바꿔가면서 살아갈 수밖에 없을 것이다.

그런데 불행하게도 이제는 사람뿐만 아니라 인공지능과도 경쟁해야 한다. 인공지능보다 나은 능력을 지니기 위해서는 더욱 '인간적인' 인간이 되어야 한다. 그런데 여기에는 큰 문제가 있다. 한국에서 교육을 받은 사람들은 대부분 인간적인 것이 무엇인지, 혹은 삶이 무엇인지조차 잘 모른다. 시험에 안 나오니 알 필요가 없었다. 그럼 이번엔 누구의 답을 커닝해야 하는 걸까?

이렇게 사회 전체가 방향을 전환해야 하는 이행기에 존재 의미가 더 부각되는 사람들이 있다. 그동안 사회에 '부적응'했다고 알려진, 평균적인 삶의 방식에 익숙하지 않은 사람들이다. 진짜로 인간적인 것이 무엇인지는, 기계의 장점인 효율성과 정형성을 갖지 못한 사람들이 더 잘 알고 있을지도 모른다. 교육 제도가 어떻게 잘못됐는지 알기 위해서는, 전교 일등보다 꼴찌나 학교 밖 청소년에게 물어보는 것이 낫다. 회사의 조직 문화가 얼마나 잘못됐는지 알려면, 바늘구멍을 뚫고 입사한 지 몇 개월 만에 덜컥 사표를 쓴 '탈직자'에게 물어보는 것이 좋다. 이

사회의 문제점을 알고 싶으면, 사회와 담을 쌓고 칩거해버린 사람에게 물어봐야 한다. 시대가 격변할 때는 전통적으로 사회에 불만을 갖고 있거나 부적합하다고 여겨졌던 사람들이 답을 갖고 있는 경우가 많기 때문이다.

지난 5년 동안 사회적기업 유자살롱을 통해 사람, 일, 가치 등 '사회의 중력장'에서 멀어져버린, 말하자면 '무중력 상태'에 빠진 청소년과 청년들을 지원해오면서, 나는 오히려 궤도에서 이탈해보지 않은 '보통 사람들'이 더 심각한 무중력을 겪는다는 사실을 알게 되었다. 학교 밖의 청소년보다 더 큰 문제를 안고 학교 안에 남아 있는 청소년, 니트 상태의 청년보다 더 심각하게 일터에 적대적인 청년이 많았다. 이렇게 보통의 삶을 사는 사람들조차 둥둥 떠다니게 되는 이유는, 역시 사람들이 병들어서라기보다는 사회가 중력을 잃은 탓이다.

하지만 문제가 있다고 아무리 소리 높여 외쳐도 아직까지도 구시대의 헛된 중력을 믿고 있는 사람들에게는 들리지 않는다. 더 이상 잃을 것이 없다는 사실을 인정하지 않기 때문이다. 거짓 중력, 중요하지 않게 된 것들에 집착을 버리지 못하는 사람은 아무리 시간이 지나도 '뭣이 중헌지'를 알 수가 없다. 그런 면에서, 앞으로는 부적응의 경험이 없는 사람들이 더 큰 부적응자가 될 가능성이 크다.

틈새 시기 : 생존을 위한 훈련기

스스로 지속적으로 변화하고 탈바꿈해야 하는 사회에서, '잘 이행하는 훈련'은 직업 역량을 넘어 생존 역량이다. 그렇다고 해서 무작정 모두가 사회에 주기적으로 적응하지 못하면서 괴로움 속에서 이런 역량을 키우라고 할 수도 없는 노릇이다. 그렇다면 청소년과 청년들에게, 인위적으로라도 기존 사회의 '거짓 중력'에서 벗어나 스스로 자신을 끌어당기는 중력을 찾아가는 시간을 주면 어떨까?

전환학년, 갭이어 등으로 알려진 선진국의 교육 프로그램들은 이미 오래전부터 이런 기능을 해오고 있다. 외형과 내용이 달라도, 의도하는 바는 같다. 진로가 더 이상 단단한 땅 위에 있지 않고 '물 위에 난 길'이 된 시대에, 나의 위치를 끊임없이 확인하고 목표하는 방향을 잃지 않는, 가장 중요한 '삶의 기술'을 습득하도록 돕는 것이다.

이러한 틈새 시기를 위한 프로그램을 세팅할 때 고려해야 할 몇 가지가 있다. 첫째로 주변의 과한 중력으로부터 벗어날 수 있도록 도와야 한다. 요컨대 틈새 시기의 가장 큰 의미는 현 사회에 강제로 적응시키는 거짓 중력으로부터 조금 멀어진 상태에서, 실제 자신(들)에게 중요한 중력을 찾을 수 있게 해주는 것이다. 거리를 두어야 할 거짓 중력으로는 성공에 대한 집착, 탈락과 배제에 대한 불안감, 경제적 불안정 등 많은 예가 있지만 그중 가장 나쁜 것은 부모로부터 나온다. 특히 성공한 부모일수록 은밀하게 영향력을 행사하는 데 익숙하고, 또 자신이 세상을 잘 알고 있다고 생각하지만 실제로는 전혀 현실감각이 없는 경우가 많다. 자신이 성공을 이룬 과거의 경험에 의거해 현재의 불안 속에서 아이들의 미래를 기획하기 때문이다. 중학교 졸업생들을 위한 1년 과정의 자유학교인 덴마크 애프터스콜레가 기숙형인 데는 이런 이유도 있지 않을까 싶다. 부모와 물리적 거리를 둘 수 없다면 심리적 방화벽이라도 필요하다.

둘째로 구체적인 경험과 추상적인 시대 읽기를 오갈 수 있는 능력을 길러야 한다. 인간 세상의 대부분이 디지털화된 비물질시대를 살아가기 위해서는, 네트워크를 타고 들어오는 과도한 정보나 감정의 쓰나미를 견뎌낼 수 있을 만한 강인한 정신적, 신체적 체력이 필요하다. 그 체력의 근간은 자신의 몸과 머리로 구체적인 무언가를 해낸 뒤, 이것이 사회적으로 어떤 의미인지 확인해본 경험에서 오는 자신감과 용기다. 산업화 과정에서 한국의 예비 노동자(학생)들이 보완해야 할 것은 추상 능력이었고 구체적, 신체적 경험은 전혀 모자라지 않았다. 그때는 책을 읽는 것만으로도 훌륭한 일꾼이 될 수 있었다. 하지만 신체적 놀이가 허락되지 않는 요즘의 한국 청소년들은 학교와 학원에서 추상 훈련만을 받고, 사이사이의 시간에도 인터넷과 게

임밖에 할 수 없는 실정이다. 이 깨어진 밸런스를 맞추기 위해서라도 구체적 경험과 신체적 활동이 다량 보충되어야 한다.

비슷한 이야기지만 나의 필요와 사회의 필요를 능동적으로 정렬해보는 과정도 중요하다. 구체적인 프로그램으로 예를 들자면, 본인이 관심을 갖고 있는 영역에서 구체적인 사회적 행동을 기획하고 실행한 후 결과의 사회적 의미를 다시 읽어내는 프로세스 정도를 생각해볼 수 있다. 이 프로그램 모듈을 '창의적 사회 행동'이라는 개념으로 한 대학 강의에서 5년 동안 실험해보았는데, 결과는 꽤 성공적이었다.

셋째로는 적절한 리듬감을 기를 수 있도록 해야 한다. 무작정 '느림'이나 '쉼'을 제공해야 한다는 의미가 아니다. 여러 가지 속도의 일들에 참여해보고, 자신에게 꼭 맞는 템포를 찾을 수 있도록 도와야 한다. 나아가 내가 견뎌낼 수 있는 신체적·심리적 압력이 어느 정도인지 파악하는 것도 중요하다. 30대 중반에 번아웃되지 않고 지속가능하게 일을 하기 위해서라도 꼭 필요한 능력들이다.

마지막으로 가장 중요한 것은, 이들에게 '사회적 신뢰'를 제공하는 것이다. 좀 더 풀어서 말하면 자신을 믿어주는 사람들의 존재를 경험하고, 자신이 존중할 수 있는 참조 집단을 찾게 하고, 자신이 있는 그대로 설 수 있는 구체적이거나 추상적인 장소를 제공해야 한다. 앞선 세 가지가 일반적인 강의나 워크숍의 형태로 가능하다면, 네 번째 사회적 신뢰는 지역사회나 네트워크 안에서만 가능하다. 그래서 틈새 시기를 제공하는 곳은 '교실 안 학교'가 아닌 '사회 속 학교'여야 한다.

이행과 전환을 돕는 여러 층의 시공간

사실 틈새 시기는 10대에게만 필요한 것이 아니다. 학교에서 일의 세계로 이행하는 20대 초중반, 중간관리자로 변모해야 하는 30대 초중반, 업계에서 성공을 하거나 다른 업을 시작해야 하는 40대 초중반, 그리고 수시로 업을 바꿀 때, 즉 '다른 곳으로' 이행할 때마다 그 이행을 준비할 틈새 시기가 필요하다. 특히 경주마처럼 앞만 보고 달리는 한국인들에게는 더더욱 그러하다. 길게 보면 갭이어는 일을 그만두기 위해서가 아니라 일을 지속하기 위해서 쉬는 것이다.

이런 관점에서 중장년층의 갭이어도 생각해볼 수 있다. 세대별 사회문제 중에서 가장 심각한 것이 베이비붐 세대, 특히 남성들의 무중력화다. 산업화 시대에 고착되어 있는 이들의 몸과 마음이 다음 시대로 이행하지 않았기 때문에 벌어지는 끔찍한 일들이 너무도 많다. 기대수명을 이삼십 년 남겨둔 상태에서 경제적 재생산이 불가능해져 절대빈곤 상태에 빠진다든지, 간신히 노후자금은 마련했지만 노동하지 않는(혹은 못하는) 자신을 받아들일 수 없어서 알코올중독이나 우울증에 빠진다든지, 일터에서의 권위주의적 방식 외에는 사람과 관계 맺는 법을 몰라 실질적 고립 상태에 놓인다든지, 사회 전체가 나아갈 방향을 두고 정치적 판단을 해야 하는 순간에 엉뚱하게 명백한 오답을 고른다든지… 일일이 예를 들기도 힘들 정도다.

하지만 이들의 문화나 인성을 탓하는 것은 부질없는 일이다. 어쩌면 지금까지 앞만 보고 내달려온 이들에게, 사회가 방향을 전환할 기회를 주어야 하지 않을까. 임금 피크제나 정년 연장 차원이 아니라, '아직 노인이 될 준비가 되지는 않았지만 삶의 속도를 늦춰야 하는 사람'으로서 이들이 놓인 이행기를 인정한다면 그에 적합한 일자리를 발견할 수도 있을 것이다. 이우학교 정광필 교장이 퇴임 후 '50+인생학교'를 설립하며 주장한 것처럼, 이들이 청년층을 비롯해 남을 돕는 일에 자신의 능력을 쓰면서 자존감을 회복하는 것도 좋은 방법이다.

갭이어라 하지 않고 굳이 '틈새 시기'라 이름을 붙인 이유는, 그 기간이 꼭 일 년이어야 할 필요가 없기 때문이다. 반년이든 한 학기든 한 달이든, 자신의 상태에 따라 짧은 시간으로도 새로운 국면을 맞이할 수 있다. 누구나 세상에 대한 감이 떨어질 때, 자신이 누구인지 알 수 없을 때, 쉽게 삶에 잠깐의 '틈'을 만들어 되돌아볼 수 있게 돕는 여러 층의 시공간이 필요할 뿐이다. 그리고 그 시공간은 '공적인 것'이어야 한다. 공공이 제공하고 공공이 참여하지 않으면 제대로 기능할 수 없을 것이다.

서울시교육청이 선구적으로 만들어낸 고교 전환학년 과정인 '오디세이학교'의 운영 책임을 맡은 정병오 교사는 이 시공간이 아이들에게 '안전한 피난처'라고 말했다. 인터뷰를 진행하던 엄기호 선생은 "배움을 위해서는 자신의 무지와 서투름을 드러내는 용기가 필요하며, 이 피난처가 청소년들에게 용기를 제공할 수 있다"고 말한다.[1] 틈새 시기가 궁극적인 목표로 삼아야 하는 것도 배움의 용기를 주는 안전한 피난처가 아닐까.

거대한 전환은 오래전에 시작되었으나 우리는 아직 그 방향이 어디로 향하는지 몰라 우왕좌왕하고 있다. 하지만 이 흐름은 석유파동이나 금융위기처럼 단기적으로 끝날 성질의 것이 아니다. 앞으로 지속될 변화에 적응하기 위해, 우리 모두가 이행에 익숙해지기 위한 훈련을 시작해야 한다. 특히, 이행기에 놓인 청소년, 청년들에게 앞으로 잘해나갈 수 있다는 신뢰와 용기를 주지 못하는 사회는 이미 정상적으로 작동하는 사회가 아니다. 지금 이행에 실패하고 있는 것은 어쩌면 개인이 아니라 우리 사회인지도 모른다.

(vol. 107, 2016. 9-10)

---

1 '엄기호의 교육 너머 교육', 《한국일보》, 2016. 7. 21.

자유학기제 실험에서 우리가 배울 것

자유학기제의 원형, 아일랜드를 가다

요즘 아이들에게 '여유'라는 단어는 참 어울리지 않는다. 아이들은 태어나면서부터 경쟁에 내몰린다. 남들 눈치 보면서 남부럽지 않은 아이로 키우기 위해 부모들도 경쟁을 한다. 한글도 익히지 못한 어린아이들에게 세계화 시대라는 이유로 영어를 가르치고 있다. 그런데 중학교 한 학기 동안 시험을 없애고 아이들이 자기 주도적으로 꿈과 끼를 찾아가게 하자는 취지로

김상태 _ 전 강원일보 기자로 '학교와 지역사회의 공생, 자유학기제'라는 주제로 기획 취재를 진행하고, 아이랜드 등 해외사례를 엮어 『이것이 자유학기제다』를 펴냈다. 현재는 철원군청 기획감사실에서 군정 홍보담당자로 일하고 있다.

도입된 자유학기제[1]마저도 이런 경쟁의 기회로 활용하려는 어른들이 있다. 중요한 것은 이 모든 의지가 아이들의 것이 아니라는 점이다.

2013년에 일 년 동안 시범 운영 중인 자유학기제를 취재하면서 다양한 사람을 만났는데, 그중에는 학부모들도 있었다. 취재 중에 만난 한 부모는 자유학기를 보내면서 엎드려 있던 아이들이 깨어나 활기차게 수업에 참여하는 모습을 봤다고 했다. 그렇게 자유학기제가 주는 놀라운 변화를 목격했지만 본인은 여전히 자녀를 학원에 보낸다고 했다. 앞으로도 그럴 것이고, 그 생각에는 변함이 없을 거라고 말했다. 아마 대부분의 부모들도 비슷하지 않을까.

자유학기제의 가장 큰 특징은 시험이 없다는 것이다. 덕분에 아이들에게는 다양한 체험을 해볼 기회가 주어지지만 제도의 취지와는 달리 여유로워진 시간을 통해 다른 효과를 얻으려는 부모가 생겨나기도 한다. 강원도 정선에서 만난 한 학생도 자유학기제를 통해 여유를 얻었다는 긍정적인 평가와 함께, 시험을 안 보니까 앞으로의 성적이 걱정된다고 했다. 시험을 볼 기회가 없으니까 불안한 모양이다.

---

1 자유학기 기간에는 핵심 성취 기준만 충족하면 되기 때문에 교사의 자율성이 상당히 보장된다. 교과 진도를 스스로 조정할 수 있고, 강의식 수업에서 벗어나 토론, 실습, 프로젝트 등 학생 참여형 수업을 자율적으로 할 수 있다.

자유학기제의 원조인 전환학년제를 취재하기 위해 40여 년간 이를 시행해온 아일랜드에 다녀왔다. 아일랜드 사회는 한국과 유사하다. 유럽에서는 유일하게 입시학원이 존재할 정도로 경쟁이 치열한 사회다. 이웃한 영국의 지배를 받아왔으며, IMF 위기를 경험한 것까지도 한국과 비슷하다. 땅은 메말랐고, 먹고 살기 위해서는 공부를 해야만 했다. 입신양명의 유일한 길이 바로 공부였고, 일류 대학에 진학하는 길이 성공을 보장하는 것처럼 여겨졌다. 아이들은 경쟁에 내몰려야 했고, 자신이 원하지도 않는 공부를 위해 밤을 새워야만 했다.

학교 폭력, 왕따가 심각한 사회 문제가 되자 1974년에 아일랜드 정부는 우리나라로 치면 중학교를 졸업하고 고등학교에 입학하는 만 15세의 나이에 1년간 갭이어 성격의 전환학년제를 도입했다. 전환학년제는 시험 없이 일 년 동안 학생들이 스스로 다양한 경험을 쌓고, 이를 통해 자연스럽게 자신의 미래를 결정할 수 있도록 배려하는 제도이다. 오전에 최소한의 핵심 교과만 하고, 나머지는 다양한 경험을 쌓을 수 있도록 시간적 여유를 선물하는 것이다. 아일랜드 사회는 이를 통해 학생이 사회의 일원으로 자리매김하게 했고, 학교가 사회와 유리되는 것을 방지할 수 있었다.

아일랜드에서는 학생 스스로 그 학교에서 진행하는 대형 프로젝트, 이를테면 뮤지컬 제작에 참여할 수도 있고, 국가 차원에서 실시하는 청소년 프로그램에 참여할 수도 있다. 기업이나 대학이 학생 참여 프로그램을 만들면 학생들이 지원서를 내고 참여하기도 한다. 쉬는 것 같지만 어찌 보면 자신의 능동적 선택으로 달려가는 시기이기도 하다. 교사는 조언자일 뿐, 체험할 곳을 섭외하고 지원서를 내는 일은 모두 학생들 스스로 해야 한다. 40여 년의 경험이 말해주듯 아일랜드 사회는 아이들의 전환기를 받아줄 준비가 되어 있다. 이미 전환학년제를 경험한 이들이 성인이 되어 사회의 주류를 이루고 있기 때문에, 더 나은 전환학년제 프로그램을 만들어 학생들의 사회 경험을 풍부하게 만들기 위해 자발적으로 노력하고 있다.

지역과 함께하는 자유학기제

"초등학교부터 고등학교까지 학생이 선택할 수 있는 단 한 가지는 바로 문과냐 이과냐이다." 서울의 한 중학교에서 만난 교사의 말이다. 사실이다. 우리는 아이들에게서 선택의 기회를 빼앗았다. 자유학기제에서도 학생들이 선택할 수 있는 것은 교사나 학교가 만든 프로그램과 동아리에 참여 여부 정도다. 자유학기제라지만 진정한 자유가 보이지 않는다. 아일랜드의 경우에는 전환학년제 참여 자체도 학생 스스로 선택할 수 있다. 직업체험의 경우 일 년에 2주간씩 두 차례 의무적으로 참여해야 하는데, 학생 스스로 이력서를 써서 체험 현장을 섭외한다.

'위대한 성취'를 의미하는 청소년 도전 성취 프로그램 가시카www.gaisce.ie와 '어린 사회사업가'라는 뜻의 영소셜이노베이터스www.youngsocialinnovators.ie가 대표적인 선택형 프로그램이다. 영소셜이노베이터스는 팀별로 활동을 해야 하며 왕따, 노숙인, 기아, 국제 난민 등 사회의 다양한 문제를 해결하는 데 청소년들의 아이디어가 실현될 수 있도록 하는 행동 중심 프로그램이다. 일 년에 한 번 한자리에 모여 성과를 나누는 시간이 있는데, 이때는 아일랜드 총리가 자리에 함께해 학생들을 격려한다. 두 프로그램 모두 국가의 전폭적인 관심과 지원을 받는 프로그램이지만 학생들의 강제 참여는 없으며, 원하는 학생들이 홈페이지에서 신청하면 된다.

학교나 교사의 편의로 기획된 체험 프로그램은 한계가 있다. 학생들이 선택할 다양성을 확보하지 못한다면 자유학기제는 성공할 수 없다. 전환학년제를 꾸준히 연구해온 제리 제퍼스 국립아일랜드대 교수는 "아이들의 창의력을 키우는 데 가장 큰 제한은 바로 교사들의 상상력"이라면서 아이를 어른의 생각에 가두지 말라고 강조했다.

일 년 동안 기획 취재를 하면서 여전히 사회의 참여를 이끌어내는 방법이 고민되었다. 자유학기제를 위해 기업과 대학 등 지역의 참여를 이끌어내는 방안을 찾으려 했지만 쉽지 않았다.

자유학기제는 학교 혼자 할 수 있는 게 아니다. 다양한 체험을 위해서는 학교와 지역의 소통이 필요한데, 특히 기업은 주목적이 이익 창출이다 보니 수익과 관계없어 보이는 학생의 성장과 교육에는 관심이 별로 없다. 이에 대해 최상덕 한국교육개발원 자유학기제지원센터 소장은 기업이 장기적인 안목으로 학생들의 교육에 투자해야 한다고 강조했다. 결국 기업도 사람이 모여 이뤄진 곳이고, 기업이 필요한 인재를 키워내는 데 투입되는 재원은 낭비가 아니라 투자라는 것이다.

아일랜드에서는 지역사회의 협조를 끌어내기 위한 방안으로 전환학년제 기간에 이뤄낸 성과를 나누는 장을 마련하고 있었다. 성취가 크건 작건 그 상황을 꼭 지역사회와 나눈다. 예를 들어 사진 수업을 진행했다면 결과물을 활용해 전시회를 열고, 그 자리에 지역 사람들을 초대하는 것이다. 사진 촬영을 위해 지원을 아끼지 않았던 사진관 주인도 초대하고, 그 지역 의원도 초대한다. 그러면 지역사회는 학교가 무엇을 하는지도 자연스럽게 알게 되고, 조금씩 인식도 변화하게 된다.

아일랜드에서 방문했던 킹스호스피탈이나 스툰파크스쿨, 말라하이드커뮤니티스쿨의 경우 뮤지컬, 드라마, 다큐멘터리 제작 같은 프로젝트를 진행하고 있었다. 물론 공연이나 상영회를 통해 가족은 물론 지역 정치인, 후원 기업인들을 초대해 전환학년제 기간 동안의 성과를 나눈다. 우리도 사회를 교육의 장으로 넓히려면 자유학기제 동안의 성과를 나누는 자리가 마련되어야 한다. 학교 단위가 힘들다면 권역별로 학교가 연합하거나, 국가적 차원에서 자리를 마련하는 방법도 있다.

한국에서 자유학기제가 성공하려면

한국의 상황을 보면 자유학기제가 정착되더라도 강의식 수업에서 벗어나 토론하고 프로젝트 수업을 하면서 얻었던 경험들은 아이들에게 한순간으로 끝날 가능성이 높다. 자유학기제를 마친 학생들은 또 시험을 봐야 하고, 고등학교에 입학해야하며, 대학에도 진학해야 하기 때문이다. 각 관문마다 평가가기다리고 있다.

취재 중 알게 된 재미있는 사실은 아일랜드에서 만난 일부학부모도 한국의 부모와 유사한 생각을 가지고 있다는 것이었다. 열심히 공부해야 할 시기에 아이들을 놀리면 되겠느냐고걱정스런 시각을 보였다. 아일랜드의 전환학년제가 아이들에게 쉼의 기간이 되고, 자신의 미래를 스스로 찾게 하는 기간임은 확실하지만 그렇다고 경쟁이 사라진 건 아니라는 뜻이다. 아일랜드에서도 흔히 사람들이 원하는 의사, 변호사 같은 직업을 얻기 위해서는 일류 대학에 입학해야 하는데, 대입 시험에서 만점에 가까운 점수를 얻어야 한다. 이렇듯 40여 년의 시간 속에서도 전환학년제를 통한 아일랜드의 교육개혁은 여전히 진행 중에 있다. 심지어 우리는 이제 시작이다.

일 년 동안의 취재를 통해 전환학년제의 성공 열쇠는 '시간이 주는 경험'이 아닐까 생각했다. 아일랜드에서 만난 한국인 목헌(트리니티대학 화학과 교수)도 한국에서 자유학기제가 성공하려면 그 기간에 사교육을 하지 말 것을 당부했다. 자기 시간을 갖게 해줘야 하는데, 과외가 성행한다면 결코 학생들의 잠재력을 깨울 수 없다면서. 고등 과정을 선행학습 시키려는 학부모에게는 이 기간이 '꿈의 학기'가 될 수도 있겠다는 우스갯소리도 했다.

아일랜드에서는 이미 전환학년제를 긍정적으로 경험한 이들이 사회에 진출했고, 성인이 된 그들이 더 나은 프로그램을 스스로 만들어 아이들의 교육에 참여하고 있다. 그 힘은 바로 경험에서 나온다. 우리도 자유학기제에서 좋은 경험을 쌓은 아이들이 사회에 진출해서 만족스러운 성과를 거둔다면 선순환의 고리가 만들어질 것이다. 자유학기제는 다소 느리더라도 학생 스스로 그 방향을 찾을 수 있도록 하는 기간이 돼야 한다. 결국 '쉴 틈'이라는 건 또 다른 시작을 준비하는 과정의 연속이다. 내가 가야 할 방향을 알아가는 시간인 것이다.

(vol. 96, 2014. 11-12)

자유학기제는 2016년에 전면 시행되었고 이후 초·중등교육
법 시행령 개정으로 2018년부터 이 기간을 일 년으로 늘릴 수
있게 되면서 현재 전국 대부분의 중학교가 '자유학년제'를 운
영하고 있다. 그런데 2022년 개정 교육과정 총론에 따르면
2025년 중학교 신입생부터 자유학년제가 자유학기제로 다시
축소된다. 2025년부터는 한 학기에 102시간(기존 170시간)만
자유학기로 운영하고, 편성 영역도 주제선택·진로탐색·예
술체육·동아리 활동 등 4개 영역이 주제선택과 진로탐색 영
역으로 통합된다.

자유학기와 별도로 중학교 3학년 2학기에 '진로연계학기'가
새로 도입된다. 자유학기에는 체험활동을 주로 하고, 진로연
계학기에는 진로설계에 집중한다. 진로연계학기는 적성과 진
로에 따라 자신만의 시간표를 짜는 고교학점제에 대한 이해
를 높이고 미리 선택과목을 짜보는 기회를 갖는 의미도 있다.
교육부는 초등학교 6학년 2학기, 고등학교 3학년 2학기의 일
부 기간도 진로연계학기로 운영해 학교급 간 교과 내용을 연
계하고 진로를 설계하며 상급 학교 생활에 적응할 수 있게 도
울 예정이라고 한다. _편집자주

전환학년제 학교의 흐름

공교육과 대안교육의 접점, 오디세이학교

한국에서 유럽과 유사한 형태와 운영 체계를 갖춘 전환학년제가 본격적으로 논의되기 시작한 것은 2014년이었다. 세월호 참사 이후 우리 사회가 교육이란 이름으로 그동안 아이들에게 행했던 일들에 대한 근본적인 반성이 일기 시작했다. 이러한 흐름에서 그해 6월 실시된 지방선거에서 전국 대부분의 지역에서 진보 성향의 교육감이 당선되었는데, 그들의 공약 중 하

정병오 _ 중학교 교사로 있다가 지금은 오디세이학교 교육기획부장을 맡고 있다. 덴마크와 아일랜드 탐방 중에 알게 된 전환학년제가 한국 교육에도 확산될 수 있게 애쓰고 있다.

나가 유럽형 전환학년제의 도입이었다.

그 공약은 서울시교육청의 오디세이학교 모델과 경기도교육청의 '꿈의 학교' 모델로 구체화되었다. 오디세이학교는 고등학교 1학년 학생들을 대상으로 교육청이 재정을 지원하고 학력을 인정하되, 민간 대안교육 현장의 교육과정과 활동을 대폭 도입한 민관협력형 전일제 모델이다. 반면 꿈의학교는 방과 후나 주말 혹은 방학 기간에 마을의 민간 자원을 활용하여 학교 안과 밖, 초중고를 막론하고 희망하는 학생들과 함께하며 프로젝트 수행을 통해 배움을 찾아가는 형태다. 오디세이학교와 꿈의학교가 비슷한 문제의식에서 출발했지만, 오디세이학교는 유럽의 전환학년제와 비슷한 한국형 전환학년제로 정착했고, 꿈의학교는 마을결합형 학교 모델로 발전한 것이다.

다양한 전환학년제의 등장

오디세이학교의 영향을 받아 다른 시도교육청이나 지자체에서도 전환학년제에 관심을 갖기 시작했다. 2018년 경남교육청이 '창원자유학교'라는 이름으로 고등학교 1학년을 대상으로 하는 1년제 학력 인정 과정의 학교를 시작했다. 이 학교는 서울시교육청의 오디세이학교를 모델로 하되, 민관협력 형태가 아니라 공교육 교사들이 운영하는 형태다.

충북교육청도 적극적인 관심을 갖고 기존의 전환학년제 학교와 지역 교육 상황에 대한 연구를 거쳐 2023년부터 고1 대상의 1년제 학력인정 기숙형 학교를 준비 중이다. 이 학교는 공교육 교사를 중심으로 운영하되, 대안교육 경험이 있는 교사들이 산학협력교사로 협업하는 구조로 운영될 예정이다.

지자체가 중심이 되어 교육청과 지역 교육운동 단체가 협력하는 모델도 생겨나고 있다. 2019년 서울시 구로구청이 서울시교육청과 협력하여 그 지역 학생들 가운데 학교생활에 어려움을 겪는 중2, 3학년을 대상으로 '다다름학교'를 열었다. 1개월 단기과정과 1년 정기과정으로 운영되는 다다름학교는 구로구청이 시설비와 교사 인건비를, 서울시교육청이 운영비를 지원하며, 운영은 한국청소년연맹이 담당하는 삼각 협력체제로 운영된다. 전주시도 지역의 교육운동단체들과 함께 전환학년제 학교를 준비 중인데, 2019년부터 준비를 해왔고 2022년 개교 예정이다.

민간 영역의 시도도 이어지고 있다. 2014년 오마이뉴스 오연호 대표가 덴마크 사회의 행복의 비결을 묻는 『우리도 행복할 수 있을까』를 펴낸 후 전국으로 순회강연을 하면서 덴마크 행복 사회의 비결 중 하나인 애프터스콜레에 대한 사회적 관심이 커지기 시작했다. 전환학년제에 대한 민간 영역의 관심은 2016년 들어서면서 학교 설립으로 이어졌다. 오연호 대표는 풀

	아일랜드 전환학년제	덴마크 애프터스콜레	한국(서울) 오디세이학교
시작 년도	1974년	1851년	2015년
학교 형태	공교육 내 중3 이후 선택 학년 신설	정부 지원을 받는 사립학교로 정규 학제 바깥에 신설	고등학교 1학년 학력 인정 위탁 과정
교육 목표	삶을 성찰하고 세상을 탐색하는 건강한 사회인 양성	건강한 인격 형성과 민주시민 양성	삶의 의미와 방향 찾기
해당 학년	고1	고1(중2, 3도 가능)	고1
필수 여부	선택	선택	선택
교육 연한	1년	1년	1년
확산 정도	72% 학생이 선택	30% 학생이 선택	서울 100명

아일랜드 전환학년제, 덴마크 애프터스콜레, 한국 오디세이학교 비교

무농업기술고등학교 교장이었던 정승관 선생과 함께 강화도에
'꿈틀리인생학교'라는 기숙형 전환학년제 학교를 열었다. 같은
해 대안교육의 좋은 모델을 보여주었던 이우학교 부설 '함께여
는교육연구소'와 청소년 멘토링을 통한 교육 소외계층을 위한
교육사업을 활발히 해온 '아름다운배움'이 각각 용인과 고양에
'열일곱인생학교'를 통학형 전환학년제 학교로 시작했다. 그리
고 황병구, 이수진 부부가 자녀에게 자발적인 일 년의 쉼을 선
물했던 경험을 바탕으로 '꽃다운친구들'이라는 전환교육과정
을 열었다. 홈스쿨링을 기반으로 하면서 일주일에 2박 3일 함

께 활동하는 모델이다. 또 경북 상주에서는 시민단체들이 협력하여 2017년 지역의 홈스쿨 학생들과 일반 학생을 대상으로 '쉴래학교'를 열었다.

전환학년제 학교가 교육에 미친 영향

2012년 대선을 기점으로 보면 전환학년제에 대한 논의가 시작된 지도 10여 년이 지났다. 본격적인 전환학년제인 오디세이 학교가 시작된 지도 7년이 지났고, 2020년 현재 운영 중이거나 준비 중인 전환교육 과정의 학교도 10여 개가 넘는다. 전환학년제 교육에 대한 중간 점검과 앞으로 이 운동이 우리 교육에 의미 있는 기여를 하기 위해 무엇이 필요한지를 정리하는 작업이 필요한 시기다.

그동안 다양한 형태로 전개된 전환학년제 운동의 가장 큰 의미는 유럽형 전환학년제와 구분되는 한국형 전환학년제의 정착일 것이다. 아일랜드의 전환학년제나 덴마크의 애프터스쿨레는 기본적으로 그 나라의 공교육에 기반한 것이다. 아일랜드는 비교적 입시 경쟁이 치열한 편이지만, 덴마크의 공교육은 경쟁보다 자기 적성을 살리는 방향으로 나아가고 있다. 그럼에도 17세 청소년기의 특성상 기존 교육과정의 틀을 벗어나 자신과 세상을 탐색할 수 있는 시간이 필요하다고 보고, 30퍼센트 정도의 학생들이 이 과정을 선택할 수 있게 제도적으로 보장하고 있다.

전환학년제 학교가 짧은 기간에 한국 현실에 맞는 정체성과 교육과정을 확립할 수 있었던 것은 20년 이상 축적된 대안교육의 경험과 역량의 도움을 받은 덕분이다. 오디세이학교의 경우 서울시교육청의 의지와 지원이 기본 자원이 되었지만, 여기에 참여한 공간민들레, 꿈틀학교, 하자센터, 아름다운학교 등의 대안교육 현장이 오랜 경험과 역량을 나누었기에 가능했다. 꿈틀리인생학교의 경우도 풀무농업기술고등학교의 경험이, 열일곱인생학교는 이우학교의 경험이 기반이 되었다.

이처럼 전환학년제 학교는 크게 보면 대안교육운동의 흐름에 속해 있고 그 영향하에 있다고 볼 수 있다. 하지만 공교육과의 관계 설정에서는 대안학교와 약간 다른 방식을 취하고 있다. 일반적으로 대안학교들은 3년 혹은 6년 과정으로 공교육의 대체 역할을 해왔다. 하지만 전환학년제는 일 년의 경험을 끝낸 후 다시 공교육으로 돌아가거나 혹은 다른 방식으로 자신의 진로를 찾아가게 함으로써 공교육(또는 대안교육)의 보완과정으로 설정되었다. 이는 교육청 주도 모델이나 민간 주도 모델이나 다르지 않다.

대안교육은 공교육 바깥에서 교육의 본질을 온전히 추구하는 모델을 보여줌으로써 공교육에 영향을 주고자 했다. 실제로 대안교육의 영향으로 공교육 내에서 작은학교운동이나 혁신학교운동 같은 혁신이 일어나고 있다. 이에 반해 전환학년제 학교는 과도한 경쟁교육으로 수동적이고 무기력에 빠져 있는 아이들에게 일 년 동안 주체성을 일깨우고, 스스로 배우는 힘과 세상과 마주할 수 있는 용기를 불어넣고 있다. 이는 다시 공교육으로 돌아가 입시경쟁 교육 속에서도 주체적으로 자기 진로를 개척해갈 수 있는 힘이 된다. 속단하기는 아직 이르지만, 그 영향은 오디세이학교 수료생들을 통해 조금씩 나타나고 있다.

한국 교육의 변화에 기여하려면

한국형 전환학년제가 정착되기 위해서는 풀어야 할 과제가 적지 않다. 많은 학부모들이 전환학년제의 필요성에는 공감하지만 본격적으로 입시 경쟁에 뛰어들어야 할 17세 자녀에게 일 년의 쉼을 허락하기를 주저한다. 그래서 모집 정원을 다 채우지 못하는 현장이 나타나기도 하고, 학생 모집의 어려움으로 교육을 중단한 학교들도 있다. 특히 최근 입시 공정성 문제가 불거지면서 정시 확대 정책 등으로 인해 이런 현상은 더 심해지고 있다. 하지만 실제로는 전환학년제의 경험이 대학입시에 결코 불리하게 작용하지 않는다. 오디세이학교 학생들의 경우 대학 진학에서도 좋은 성과를 거두고 있는 것으로 나타난다.

우리 교육의 현실을 볼 때 전환학년제 학교가 필요한 아이들은 너무 많다. 고등학교 1학년 교실을 보면 대학입시에 매진하고 있는 학생들은 오히려 소수다. 상당수의 아이들은 실패감에 억눌리고 배움의 동기를 찾지 못한 채 시간을 죽이고 있다. 막연한 불안감에 입시교육을 좇아가고는 있지만 앞으로 무엇을 하며 어떻게 살아야 할지를 몰라 헤매는 아이들이 너무 많다. 이러한 학생과 학부모들에게 전환학년제 교육의 의미와 성과를 제대로 알리는 데 더욱 힘써야 할 것이다.

이와 더불어 교육 내용과 운영 면에서 민관협력의 수준을 더 높여야 한다. 전환학년제 학교가 기본적으로는 공교육의 보완교육으로서의 성격을 가지고 있다고 할 때 민관협력은 더욱 시급하다. 오디세이학교의 경우, 학생 모집과 교육 공간, 교육 경비는 교육청이 담당하고 실제 교육과정 수립과 운영은 민간 대안교육기관이 담당하는 틀로 출발했다. 이후 공교육 교사들이 대안교육 교사들과 함께 교육과정을 편성하고 운영하는 일에 함께하면서 같이 성장하는 화학적인 협력이 이루어지고 있다.

현재 교육청 주도 아래 공교육 교사들이 중심이 되어 전환학년제를 구상하는 학교들은 지역 대안학교 기관들과 협력하여 교육과정을 만들고, 대안교육 교사들이 참여할 수 있게 함으로써 교육 내용을 더 풍성하게 만들어갈 필요가 있다. 그리고 민간 대안교육기관은 지역 교육청과 협력을 강화하여, 교육청이

학교에 재정을 지원하고 공교육 교사들을 파견할 수 있게 해야 한다. 민과 관의 장점을 살려 서로 협력함으로써 전환학년제 학교는 한국 교육의 변화에 좀 더 의미 있는 기여를 할 수 있을 것이다.

(vol. 127, 2020. 1-2)

애프터스콜레, 탈주의 서곡

컨베이어 벨트의 교체 또는 탈주

〈The wall〉이란 앨범이 있었다. 나의 10대 시절, '핑크플로이드'라는 희대의 록그룹이 1979년 발표한 불후의 명음반이다. 획일적 교육제도를 비판하고 자본주의 체제를 거부하는 메시지를 담았으니 당연 금지곡이어서 속칭 '빽판'을 숨죽이며 몰래 감상해야 했다. 1982년에 영화로 제작되어 국내에는 17년이 지난 1999년에야 개봉되었는데, 'Another Brick in The Wall

안성균 _ '삶을 위한 교사대학' 협동조합 이사장. 산돌학교 교사, 산마을고등학교 교장, 진강산마을교육공동체 대표를 거치면서 공교육과 대안교육, 마을교육공동체를 넘나드는 경계인으로 활동했다. 지금은 마을에서 도덕경을 강독하면서, 농사꾼 서당을 만들려는 꿈을 품고 있다.

(Part 2)' 노래를 배경으로 컨베이어 벨트 위에서 공부하던 아이들이 아무 표정 없이 하나둘 기계 속으로 떨어져 소시지가 되어 나오는 충격적인 장면은 지금도 잊히지 않는다.

이 영화에서처럼 한국 교육의 컨베이어 벨트는 바로 6-3-3-4(초등학교-중학교-고등학교-대학교) 시스템이 아닐까 한다. 덴마크의 애프터스콜레[1]는 바로, 수십 년간 난공불락의 요새처럼 군림했던 6-3-3-4라는 한국의 단선 컨베이어 벨트 교육과정에 일대 파열음을 낼 만한 유력한 요소를 안고 있다. 최소한 일 년의 이탈을 법적으로 보장하고 지원하는 교육제도는 매우 신선하다. 하지만 덴마크에서는 1851년부터 시작되어 170년의 역사가 담긴 오래된 교육 시스템이다. 혹자는 행복지수 세계 1위(UN 세계행복보고서, 2013)를 가능하게 하는 덴마크 교육의 핵심으로 애프터스콜레를 지목한다.

현재 덴마크 전국에 250여 개의 애프터스콜레가 운영 중이고, 14~18세 청소년 가운데 25~30퍼센트가 이곳을 거쳐 간다. 대학 진학이나 취업을 하기 전 4명 중 1명이 일 년 이상의 유예

---

1 초급교육과정(1~10학년. 우리나라 고1까지의 과정)을 마치기 전 14~18세 청소년들에게 1년(혹은 경우에 따라 2~3년) 동안, 일반교육을 토대로 하되 자신의 인생 행로를 탐색하고 심화시킬 기회를 제공하는 학교이다. 특정 분야에 초점을 맞춘 교육이라는 점에서 일종의 '중점학교'와 비슷하다. 외국어, 음악, 미술·디자인, 연극·영화, 스포츠, 항해, 여행, 국제교류, 프로젝트와 현장연구 등 특성화된 학교, 또는 난독증 같은 학습장애를 갖고 있는 학생을 위한 학교 등 스펙트럼이 다양하다. 덴마크 정부는 애프터스콜레 재학 기간을 공립학교 재학 기간과 동일하게 인정한다.

기간을 통해 자신의 진로와 삶을 진지하게 성찰하는 전환기를 보내는 것이다. 이 때문에 애프터스콜레는 '인생설계학교'라고 불리기도 한다.

한국과 달리 공교육이 파행으로 치닫지 않음에도, 프리스콜레에 다니는 아이들 15퍼센트 정도와 애프터스콜레, 후기 청소년과 성인을 위한 시민대학인 폴케호이스콜레까지 더하면 절반 가까운 청소년들이 대안교육의 세례를 받고 있는 셈이다. 1844년 최초의 시민대학이 세워지고, 오늘날까지 그 맥을 이어온 덴마크 대안교육의 역사는 공교육의 동반자로서 덴마크 사회에 크게 이바지했다.

대안교육운동의 위기

우리나라 일반학교 학제는 6-3-3의 틀을 벗어날 수 없다. 제도권 밖에 있는 대안학교도 6-3-3 학제를 고수하는 곳이 대부분이다. 간혹 중고 통합 과정에서 5년 학제를 운영하는 학교도 있지만, 사실 이도 사회현실과 타협한 산물이다. 5년 학제의 속내는 마지막 1년을 대학입시를 대비한 유예 기간으로 남겨놓은 측면이 있다. 교육과정상 학교의 교육이념을 담아내기에 5년으로도 충분하다는 합리적인 이유를 달기는 했지만, 대입을 일 년 빨리 준비할 시간을 벌어줌으로써 부모와 아이의 불안

심리를 희석시키는 효과와 함께, 일찌감치 사회에 진출하여 또래보다 일 년 앞서 사회생활을 할 수 있다는 유혹은 5년의 공동체 생활 속에 고단함과 지루함에 젖어 있던 이들로서는 기쁘게 수용할 만한 학제였다. 또한 서구의 '갭이어' 성격도 가미되었는데, 고등학교 졸업 즈음의 청소년들이 대학 입학이나 사회 진출 전에 1~2년 정도의 시간을 자아 탐색과 진로 모색을 위해 여유로운 시간을 갖듯이 1년의 유예기간이 그러한 시기로 활용될 수 있겠다는 교육적 판단도 작용했다.

어쩌면 유연하지 못했던 학제가 현재의 대안교육 침체, 혹은 위기를 초래하는 데 일조했는지도 모르겠다. 대안학교를 설립하고 운영했던 이들의 교육적 비전과 열정은 강산이 두 번 바뀌는 동안 아이들의 변화를 좇는 데 뒤처졌다. 게다가 이념 지향의 대안교육 현장이 내뿜는 아우라는 아이들에게 대단히 무겁게 다가갔음을 인정해야 한다. 생명, 평화, 상생, 공동체, 자립, 하다못해 사랑마저도 아이들에겐 부담스럽기 그지없는 어른들의 철학이었다.

한때 사회변혁과 민주화를 위해 몸 바친 부모 세대가 주축이 되어 붐을 이루었던 대안교육의 판세는 그들의 자녀가 학령기를 넘기면서 급변하게 되었고, 결국 대안학교의 입학생 정원 미달 현상으로 드러났다. 물론 원인은 다양하게 분석할 수 있다. 대안교육 내부에서 시대와 청소년 변화를 감지하는 데 미흡했던 점과 교육의 질을 철저히 담보하지 못한 점 등도 드러내야 할 중요한 요인이다.

반면 제도권 교육의 자구 노력은 당국의 전폭적인 지원까지 받으며 혁신학교 전성시대를 향하여 약진 중이다. 전체 학교 숫자로 보면 미미하지만 진보교육감의 대거 당선이라는 변화와 함께 공교육 개혁의 물꼬를 텄다는 평가를 할 수 있겠다. 대안학교에 갈 법했던 아이들과 그 부모들이 혁신학교를 선택하고 있다. 이는 상대적으로 대안학교의 교육 경쟁력이 떨어졌다는 것이고, 흔들리는 이념과 가치를 받쳐줄 뭔가가 각별히 필요하다는 것을 말해준다.

20여 년의 역사를 지닌 한국의 대안교육운동은 170여 년이 넘는 세계 대안교육 운동사에 비하면 이제 걸음마 단계에 불과하지만, 서구 어느 나라도 이루지 못한 속도로 제도권 진입에 성공한 역동의 교육사를 기록하고 있다. 그러나 한 세대도 지나지 않은 지금, 대안교육 진영은 위기를 맞고 있다. 특히 비인가 대안학교는 몇 년 전부터 위기의 뚜렷한 징후가 노정되기 시작했는데, 다름 아닌 위에서 언급한 입학 정원 미달 사태이다(사태란 표현을 굳이 쓰는 이유는 몇몇 학교가 아니라 다수의 비인가 대안교육 현장이 이제는 입학 정원을 채우지 못하기 때문이다).

1997년 산청간디고등학교를 필두로 제도권에 만들어진 1세대 대안교육 특성화 중고등학교가 전국에 87개 운영되고 있는

데, 일부 학교는 정원을 채우지 못해 속앓이를 하고 있다. 초중등교육법 60조 3항에 의거해 설립된 제도권 2세대 각종학교 형태의 대안학교도 전국에 45개교가 있지만[2], 대안적 가치에 방점을 두었거나 다문화가정 아동, 혹은 기술습득 중심으로 운영되는 대부분의 학교는 비슷한 문제에 봉착해 있다.[3] 하지만 엘리트를 위한 수월성 교육이나 선교, 해외 유학, 수능을 적극 대비하는 학교들은 여전히 경쟁률이 높다.

새로운 대안교육을 제안하며

이 시점에서 대안교육 진영에 몇 가지 제안을 하고 싶다. 우선 6-3-3이라는 컨베이어 벨트에서 과감하게 뛰어내릴 용기가 필요하다. 특히 수년 전부터 정원 미달로 고군분투하는 현장들은 전폭적인 변신을 고려해야 한다. 초등 6년, 중등 3년, 혹은 중고등 통합 6년 등에 얽매이지 말자는 것이다. 아이들도 교사들도 힘들고, 아이들의 발달단계에도 맞지 않는다고 이구동성 외치고 있는데 언제까지 간과할 것인가? 생명과 평화의 심

---

2 2020년 교육부 통계 인가학교 현황: 총 87개교, 특성화중학교 17개교(공립 5, 사립 12), 특성화고등학교 25개교(공립 5, 사립 20), 대안학교(각종학교) 45개교(공립 16, 사립 29).

3 2019년 한국청소년정책연구원의 「미인가 대안교육시설 실태조사 연구」에 따르면 전국에 총 639개의 미인가 대안교육시설이 운영되고 있다.

성을 기르는 데 3년 혹은 6년이 걸린다는 고정관념도 깨보자. 평생 걸려도 될까 말까 한데 그 짧은 기간에 심어놓으려는 강박을 내려놓자는 것이다. 습習의 과정이 요구되지만 선문답식으로 단박에 깨우치는 교육 경험도 못지않게 많다. 공동체란 단어만 들어도 지긋지긋하다는 아이들을 위해 1년 또는 2년의 기간 동안 충실하게 부담 없이 만날 수 있는 교육현장을 상상해보는 것도 그리 나쁘진 않을 것 같다.

아이들이 중고등 과정에서 여러 곳의 배움터를 자유롭게 넘나들 수는 없을까? 물론 그 현장은 대안 사회를 지향하는 철학으로 세워진 곳이고, 완성도 높은 1년의 교육과정을 개설한 곳이라야 할 것이다. 만일 대안 사회가 무겁다면 인류가 지향하는 보편적인 가치를 존중하는 철학이 깔려 있기만 해도 좋을 것이다. 덴마크의 경우, 그룬트비와 콜로부터 유래한 '삶의 계몽, 일반교육, 민주시민'이란 핵심 가치를 모든 애프터스콜레가 공유하고 있는 것처럼 말이다. 단지 꿈과 끼를 발견하고 개성을 살리는 수준이 아니라 학생 개개인에게 공동체 안에서 살아갈 능력을 길러줌으로써 개인적 관심사에 머무는 한계를 넘어서야 함은 기본이다. 단거리가 제격인 육상선수에게 장거리를 강요한다면 좋은 결과는커녕 일찌감치 선수생활을 접을 가능성이 높아질 뿐이다. 교육자에게는 단거리 선수든 장거리 선수든 자기 페이스에 맞게 달리도록 도와줄 책임이 있다. 어차

피 인생이라는 레이스는 마라톤이기에 더 그렇다.

새로 대안학교를 만들 계획이 있는 이들이라면, 단기 중점학교 시스템을 도입한 한국형 애프터스콜레를 권하고 싶다. 기존의 학교들이 학교의 정체성과 존립을 흔들 정도로 파격적인 1~2년 과정으로 전환하는 것은 쉽지 않을 것이다(기숙형 전원학교보다는 통학형 도시학교가 변화에 더 용이하겠다는 생각이 든다). 덴마크의 경우, 대부분의 애프터스콜레는 기숙형 전원학교이다. 연대와 공동체, 통일성이라는 애프터스콜레의 정신을 익히며 자신의 소질을 탐색하고 인생 설계를 도모하기에는 집과 익숙한 환경을 떠나 생활하는 것이 훨씬 낫기 때문이다.

몇 해 전 덴마크 애프터스콜레 교사 초청 세미나에서 확인한 바로는 교육 기간만 다를 뿐 애프터스콜레의 교육 내용이 한국의 대안학교와 크게 다르지 않았다. 당시 참석자들의 반응을 보면 대안교육 현장에서 온 분들은 낯설지 않다는 담담한 분위기였고, 공교육 현장에서 온 분들은 전혀 다른 덴마크의 교육을 우리 사회에 어떻게 접목할지를 고민하는 모습이었다.

최근에는 대안교육이 고등기관까지 확대되며 비인가 대안대학 설립 움직임이 두드러지고 있다. '삶을 위한 교사대학'도 1~2년 과정을 염두에 둔 대안학교의 교사·활동가 양성을 위한 대학이라 할 수 있다. 굳이 덴마크식 용어를 빌면 20대 후반부터 성인들이 다니는 시민대학인 폴케호이스콜레쯤 될 듯하다.

녹색대학(현 온배움터)이나 인드라망대학, 지식순환협동조합 같은 대안대학의 시도들도 그러한 맥락이다. 애프터스콜레라는 개념과 다소 다르긴 해도 지향하는 바와 교육과정 편성은 유사해 보인다. 즉 다양한 형태의 한국적 모델을 만들어가면 된다는 것이다. 개인적으로도 동서양 고전 읽기와 생활 수공예, 적정기술, 에너지 전환기술 등을 중점 교육하는 생활기술 애프터스콜레를 구상하고 있다.

얼마 전부터 조용하게 바람을 일으키고 있는 대안교육의 새로운 방향은 '마을학교(마을교육공동체)'이다. 우리의 서당이나 덴마크 애프터스콜레가 그렇듯 전통적으로 대안적인 교육실험은 마을에서 시작되었다. 오래되어 친근한 유형이지만 새삼 주목받는 블루오션이라고 할 수 있다. 대부분 대안학교들이 지역 속 학교를 지향하고 있으나, 실제로는 지역과 유리된 곳이 많다. 지역 학부모들이 주축이 되어 설립한 도시형 초중등 대안학교에 비해 전국 단위로 모집하는 기숙형 중고등학교는 더 심한 편이다. 주민들이나 그 지역의 학부모들이 주체가 되어 설립한 학교가 아니라는 태생적 한계 때문이다. 마을사람들이 뜻을 모아 방과후학교, 계절학교, 주말학교를 운영하든지, 1년 과정의 단기중점학교를 지역 특성에 맞게 운영해보는 것도 괜찮겠다. '한 아이를 키우기 위해서는 온 마을이 필요하다'라는 고전적인 교육 명제를 다시금 힘껏 펼쳐볼 고무적인 흐름이다.

유연하고 다양한 상상력이 필요한 때

물론, 하루아침에 6-3-3 학제를 변화시키기는 쉽지 않을 것이다. 그래도 기존의 공교육 제도 틀 안에서 가능할 항목을 열거해보자. 공교육 다양화 모델의 일환으로 접근해도 좋겠다. 첫째, 위탁형 대안학교 형태가 현재로서는 행정적으로 가장 적용 가변성이 높을 것으로 보인다. 둘째, 자유학기제의 확대 심화된 형태로 전격적인 전환학년제를 실시하는 방안도 생각해볼 수 있다. 셋째, 대안형 혁신학교를 신설할 수도 있을 것이다. 넷째, 파견학년제를 도입하는 것도 가능하다. 다섯째, 대안교육 특성화중고등학교 외 일반(전문계) 특성화고등학교의 변용이다. 마지막으로 실현가능성이 가장 높은 개별 휴학이다.

제도적으로 쉽게 파고들 수 있는 틈새는 '위탁형 대안학교' 시스템이다. 기왕의 위탁형 대안학교나 각종학교로 인가받은 현장을 중심으로 1년 과정의 중점학교를 개설하는 방안이다. 이미 운영하고 있는 교육과정에 더하여 이중으로 가기는 어려움이 클 것이다. 3년의 틀을 깨지 못한다면 자체 체질 개선을 통해 1년 완성형 프로그램을 강구하고, 3년을 로테이션하는 변통도 시도해볼 만하다. 지금처럼 재적 학교장의 허락을 얻어 위탁형 대안학교에 지원하면 되는 간단한 절차이기 때문이다. 가칭 '파견학년제'란 제도를 가미하면 훨씬 운신의 폭이 넓어질 것이다. 파견학년제는 실질적으로 일반계 고등학교 2, 3학년 과정 중 직업교육을 원하는 학생들에게 열려진 기존 경로이므로, 이를 활용하면 무난하리라 예상된다.

혁신학교 모델도 다양화하여 1년 단기과정의 대안형 혁신학교에 위탁교육기관의 법적 위상을 부여하는 것을 생각해볼 수 있다. 현재 3년 과정의 도시형 공립 대안학교도 이 위탁 경로를 활용하고 있다. 아니면 '공립형 진로 탐색 대안학교'로 가도 괜찮은 모델이 나올 수 있다. 교육청이 직영하거나 지역사회나 민간단체 또는 기존의 대안학교에 위탁 또는 협치하는 형태로 관리와 재정을 지원하는 그림은 그럴듯하다.

대안교육 특성화중고등학교나 일반 특성화고등학교 중에는 애프터스콜레 형태의 교육과정을 실현하는 데 적격인 이념과 조건을 가진 현장이 많다. 중점에 따라 스펙트럼이 다양한 애프터스콜레의 특성을 한국 상황에 맞게 반영하여 리모델링할 수도 있을 것이다. 이미 교육과정의 40~50퍼센트 정도가 특성화교과로 운용되고 있는 곳이기도 하다. 그러나 관행화된 일반 학교의 틀을 얼마나 변용·탈피하고, 구성원의 합의를 도출할 수 있을지는 미지수이다.

'휴학 제도'를 활용하는 차선책도 있으나 아직까지 한국 사회에서 청소년기에 일 년을 휴학하는 부담을 떨쳐내기는 쉽지 않을 것이다. 이 경우 일차적으로 학생 본인의 선택만으로 가능해진다는 것이 장점이다. 사실 이것이 아래로부터의 경로 다양화와 정책 지연의 봇물을 터뜨릴 최선의 방책이라 본다. 청소년들이 1~2년쯤 정규 학제의 컨베이어 벨트에서 이탈하여 마음껏 배우고 싶은 곳에서 즐겁게 학습하고 돌아가는 것이 그들의 삶에 훨씬 도움이 될 것이라는 믿음도 있다. 이제는 그렇게 넘나들며 배우는 시대가 되어야 하지 않겠는가?

대학에 가서야 진로를 고민하며 사회에 진출하는 시기를 늦추거나, 스펙을 쌓기 위해 마지 못해 휴학을 하며 선택을 유예하는 행태는 답습하지 않기를 바란다. 디지털 테크놀로지를 탐닉하면서 세상에 대한 지적 탐색과 총체적 판단력을 거세당하고 있는 10~20대 청소년들의 무기력한 모습은 기성세대가 뿌린 씨앗에서 발아한 것이다. 돈, 출세, 성공을 향한 무한경쟁과 스펙 쌓기를 은근히 대놓고 강요한 당사자가 우리 어른들 아닌가? 이러한 현실에 대한 염증과 도피로 말미암아 머지않은 미래에는 중도 이탈 청소년보다 비진학 무취업 청년인 니트족 현상이 사회적 문제가 될 소지가 농후하다.

중3에서 고1로 넘어가는 시기가 아니어도 괜찮고, 고3에서 대학이나 사회로 나가기 전의 시기가 아니어도 무방하다. 청소년뿐만 아니라 청년이나 시민을 대상으로 하는 1~2년 과정의 대안학교, 대안대학의 백가쟁명시대를 기대한다. '애프터스콜레'라는 용어를 쓰지 않더라도 그 정신과 개념을 담은 어떤 신조어라도 상관없다.[4] 교육당국, 제도권 교육, 대안학교, 그리고 시민단체의 가려운 곳을 긁어줄 수 있는 협력 구조가 다름 아닌 애프터스콜레 형태의 자유롭고 다양한 교육기관이고, 경직된 학제의 유연성 확보야말로 얽힌 실타래를 풀 수 있는 가위손이라 생각한다.

흐르는 강물 같은 교육

'교육은 흐르는 강물'과 같이 늘 새로움을 잃지 않아야 한다고 비노바 바베는 말했다. 지금 이 땅에서 교육은 어디로 흘러가는가? 천 년의 긴 흐름으로 볼 때, 출세 지향의 과거시험 준비기관으로 전락하고 말았던 관학 중심의 제도권 교육은 어느 결엔가 향촌 지역에 뿌리를 두고 인간 본성과 우주의 이치를 탐구하는 인문주의 철학에 방점을 찍은 서당과 서원교육으로 다양화·전문화되었다. 당시로서는 혁신적인 시도요, 대안교육 운동이라 할 서당과 서원교육은 성균관 및 향교라는 관 주도의 교육과 절묘하게 균형을 이루며 학문과 정치 그리고 일상생활에서 본연의 교육 기능을 꽃피웠다. 물론 자리 잡기까지의 과

---

4 '전환기학교'라는 용어를 쓰는 곳도 있다. 필자는 폭넓게 삶과 지역의 생태적 전환을 추구하는 '전환학교'라는 개념을 제안한다. 관련해서 『민들레』 104호 '교육의 생태적 전환을 위한 전환학교'를 참고 바란다.

정은 녹록치 않았다. 조선 말기로 가면서 서원의 적폐가 적지 않았지만, 조선 땅에 진리가 집을 짓는 이상을 실현하고자 목숨을 바친 도학道學의 근본 정신은 면면히 이어졌다. 이용후생과 경세치용의 실학實學이 보완되면서 그 생명력은 6~7백여 년에 걸쳐 이어졌다. 그에 비하면 단시간 내에 서구 근대교육을 절대적으로 추종한 현재 한국 교육의 자화상은 국가 주도, 국가 독점의 극심한 절름발이 교육이 아닐 수 없다.

덴마크 교육의 백미는 그 편향을 시민과 함께 균형으로 이끈 훌륭한 모범이라는 것이다. 우리도 교육당국과 시민사회 교육단체(대안교육 현장)가 거버넌스를 구축하는 실험을 상호 인내심을 가지고 꾸준히 진행했으면 한다. 학제 개선과 보완에 대한 논의는 지금부터 시작해도 늦지 않다. 일전에 조한혜정 교수가 제안했던 '10-15-20 특별학년제'라는 참신한 발상도 있다.[5]

무중력증후군이 만연한 청소년 세대에게 진로를 모색하고 사회를 탐구하고 자활 능력을 기를 수 있는 획기적인 교육제도의 탄생이 절실하다. '나는 어떤 인생을 살 것이며, 다른 사람과 어떻게 함께할 것인가'를 사유하며 요긴한 삶의 기술을 배우는

---

5 10세 무렵에는 농촌유학 또는 도시유학을, 15세쯤 고등학교 진학 전엔 진로 탐색의 전환학년을, 20세 전후 대학 진학이나 취업 전에는 공익근무를 하는 것으로, 적극 추진해봄 직한 매력적인 시안이다.

인생학교가 전국 방방곡곡에 세워진다면 우리의 교육은 또 얼마나 풍요롭고 아름다워질 것인가?

2014년 10월 말, 삶을위한교사대학이 주관한 애프터스콜레 세미나에서, 레즈비 애프터스콜레Rejsby European Efterskole의 교사 알렉스가 한 말은 그래서 의미심장하다. "한국에서 기쁘게 발견한 것은 열정이다. 방문했던 대안학교 현장에서 확인했다. 국가교육이든 대안학교든 우리가 받아들여야 하는 사실은, 우리는 교육자라는 것이다. 그들의 성장을 위해 우리는 존재한다. 어떤 아이들에게는 경쟁 시스템이 맞지만 그렇지 않은 아이들도 많다. 학습 역량이 부족해 교과 내용을 따라가지 못하는 아이들을 생각해봐야 한다. 그런 면에서 교육체제는 낙후되어 있다. 한국이나 덴마크나 영국이나 마찬가지다. 변화하는 시대 속에서 사고해야 한다. 5년 후에 어떤 일이 일어날지 어떻게 알겠는가. 항상 앞서서 생각하는 교육자가 되면 좋겠다."

변화하는 시대에서 그보다 더 급변하는 아이들에게 맞는 교육은 무엇일까? 과연 우리는 그들을 위해 어떤 준비를 하는 교육자와 부모가 될 것인가? 덴마크 애프터스콜레가 정답은 될 수 없겠지만, 공교육과 대안교육계에 유연한 교육과정과 색다른 교육기관에 대한 상상력을 자극하고 견인할 본보기로서의 가치는 충분하다. 단, 애프터스콜레의 탈을 쓴 제3의 사교육기관, 입시준비 학원은 경계해야 할 것이다. 대안학교의 이름을 빌려 상층 경쟁사회로 진입하는 입시 및 유학 준비 학교가 우후죽순 생겨난 전례를 잊지 말아야 한다.

급격한 시대의 변환에다 질풍노도의 삶의 전환기에 놓인 청소년들에게 전환의 기제와 트랙을 여러 개 마련해주는 배려는 과하지 않은 애정이다. 노마드란 이름의 자유로운 영혼으로 재편되고 있는 신세대가 한동안 뿌리내릴 만한, 그리고 쉴 만한 목초지가 필요한 때이다. 변화의 물결에 힘입어 철옹성 같은 학제와 국가주도의 교육 풍토가 깨질 날을 고대해본다.

"(새로운) 길을 닦는 것이 바로 교육이다.修道之謂教"_『중용』

(vol. 96, 2014. 11-12)

전환기교육, 진화와 발전의 가능성

바이러스가 퍼지는 시대

세상이 코로나19로 들썩이고 있다. 개학을 앞둔 유치원, 초
중등 학교가 무려 5주간의 휴교를 결정하는 등 사상 초유의 사
태가 벌어지고 있다. 천재지변에 준하는 재난 상황에 일상적인
삶이 멈추다시피 했다. 게다가 '사회적 거리두기'라는 이름으
로, 일시적이나마 서로 멀리하며 살자는 캠페인까지 벌어지고
있다. 하지만 잠시 냉정을 찾고 생각해보면 이 재난은 주의를

이치열 _ 전 대안교육연대 사무국장. 충북 제천에 귀농해서 자연농법으로 먹을거
리를 자급하고 전통술을 빚어 나눠 먹는 일을 즐긴다. 마을공동체교육과 대안교육,
전환기교육 관련한 일에도 힘을 보태고 있다.

기울여 개인 위생과 접촉을 주의하면 극복할 수 있는 재난이다. 아마 머지않아 백신도 개발되고 치료제도 나올 것이다. 그런데 이 난리를 겪으면서 내 뇌리에는 또 다른 바이러스에 대한 생각이 떠나지 않는다. 불안과 공포를 동반한다는 점에서는 코로나19와 다르지 않지만, 결코 일시적이지 않으며 예방백신이나 치료제도 나오지 않을 것 같은 바이러스! 바로 '경쟁의식'이라는 '사회적 바이러스'다. 이 바이러스는 근대 자본주의 문명 이후 지속적으로 그 위세를 떨쳐왔는데, 특히 신자유주의라 불리는 패러다임이 작동하면서부터는 더욱 극성이다.

이 바이러스는 불안감과 공포감을 조성해 한편으론 통제 시스템에 자발적으로 복종하게 하면서, 다른 한편으론 개인의 생존을 위한 경쟁에 모든 에너지를 집중하게 만든다. 특히 교육 분야로 오면 더욱 맹위를 떨치면서, 거의 대부분의 사람들이 경쟁 바이러스에 감염되고 만다. '공정한 경쟁'이라는 전제가 붙지만, 과연 세상에 공정한 경쟁이란 게 존재할까? 최후의 승자 몇을 제외하고는 대부분이 패자일 수밖에 없는 이 경쟁에 왜 대다수의 아이들과 학부모들이 들러리를 서야 하는가?

전환기교육의 사례와 시사점

이런 교육문제를 해결해보려고 다양한 시도들이 이어져왔

다. 요즘엔 '전환기교육education of transition period'이라는 새로운 시도가 주목을 받고 있다. 나는 전환학년제, 전환학교 등으로 불리는 일련의 교육 형태들을 포괄하여 '전환기교육'이라 부르고자 한다. 대체로 중3, 고1 정도의 시기에 입시·경쟁교육의 압박에서 벗어나 자유롭게 나를 찾고 삶을 설계해보는 교육 시스템 정도로 이해하면 되겠다.

원래 '전환교육transition education'이라는 용어는 장애학생이 중등과정을 마치고 성인으로 사회진출을 준비하기 위한 시기의 교육을 의미했다. 이러한 전환의 의미를 공교육 시스템 전반에 도입한 사례로 아일랜드의 '전환학년제transition year'(이하 TY)를 들 수 있다. 한편, '전환학교transition school'라는 용어는 아일랜드 킨세일과 잉글랜드의 토트네스에서 일었던 전환마을 운동의 일환으로 오일피크 시대에 생태주의 가치를 교육과정과 삶에 실현하려는 학교를 말한다. 국내에서는 '전환교육' 또는 '전환학교'라는 표현을 구별 없이 섞어 쓰고 있지만, 이런 표현들이 가져올 수 있는 개념의 혼동을 방지하기 위해 '교육패러다임의 전환'의 의미와 '전환의 시기'라는 의미를 담아 '전환기교육'이라는 용어를 사용하자고 제안한다.

청소년을 위한 전환기교육의 대표적인 사례로 덴마크의 애프터스콜레를 들 수 있다. 청년을 대상으로 하는 폴케호이스콜레도 있다. 애프터스콜레의 시작은 1851년 크리스틴 콜이 설립한 청소년 기숙학교로, 낮에는 열심히 농사짓고 밤에는 공부하는 방식으로 진행되었다. 학생들의 열정이 얼마나 대단했던지, 교사들은 좀 일찍 마치고 자고 싶은데 학생들의 성화에 밤늦도록 수업이 이어졌다고 한다.

애프터스콜레가 우리에게 주는 가장 강력한 시사는 170년이란 세월 동안 학교의 설립과 운영을 시민 주도로 해오고 있다는 점이다. 1세기 이상의 변천을 거쳐 지금은 갭이어 프로그램으로 1년 과정의 교육 내용을 민간이 책임지고 국가는 재정을 지원하는 방식으로 운영되고 있다. 최근 덴마크 자유교육에 대한 한국 교육계의 관심이 높아지면서 애프터스콜레를 공교육 시스템에서 적극적으로 벤치마킹하여 오디세이학교 같은 모델이 만들어졌다. 폴케호이스콜레는 세계적으로 유일하게 청소년기에서 청년기로의 전환기교육을 국가재정으로 지원하는 사례다.[1] 이 점도 관심을 갖고 살펴보아야 할 것이다.

아일랜드의 전환학년제(TY)도 주목할 만하다. TY는 중학교 과정 3년junior cycle(이하 JC)과 2년제 고등학교 과정senior cycle(이하 SC) 사이에 자유롭게 자신을 찾아가는 일 년 과정을 신설해 교육과정의 변화와 학제 변화[2]를 동시에 추진했다. 아일랜드는

---

1 영국을 시작으로 여러 나라에서 청년 갭이어 과정을 열고 있지만 국가가 재정을 지원하는 사례는 없다.

2 고교 과정을 2년에서 3년제로 개편했다.

한국 못지않게 입시 중심의 경쟁교육으로 인한 문제가 심각하여 이미 40여 년 전에 이런 혁명적인 조치를 단행했다. 초기에는 혼란을 겪기도 했지만 사회적 공감대가 형성되면서 1994년부터 참여율이 급증해, 이 흐름은 자연스럽게 고교과정의 학제 개편으로 이어졌다. 하지만 국가의 재정 지원 없이 수요자 부담으로 진행되다 보니, 지역과 학교의 빈부 격차에 따라 그 질과 만족도에 차이가 크다. 또한 입시교육에서 벗어나 교육개혁을 해보자는 애초의 취지가 희석되고, 일부에서는 곧 입시에 시달릴 아이들이 잠시 쉬어가는 통과의례 정도로 여겨지면서 이제는 SC 개혁 쪽으로 교육개혁의 중심이 옮겨가고 있다.

오디세이학교는 한국 교육에 매우 의미 있는 전범을 만든 사례로 볼 수 있다. 그동안 때로는 범법자로 혹은 불온한 존재로 인식되기도 했던 제도권 밖의 대안교육현장이 서울시교육청과 함께 손잡고 학교를 운영하고 있으니 감회가 새롭다. 대안교육의 20년 노하우를 제도권 전환기교육에 녹여냄으로써 대안교육이 공교육 개혁의 밑거름이 되고 있다는 사실은 고무적인 일이지만, 다른 한편으로는 최근 학생 모집에 어려움을 겪고 있는 제도 밖 대안학교들의 위기 상황에 대한 고민이 깊어지기도 한다.

또 하나의 사례로 손꼽히는 인천 강화의 꿈틀리인생학교는 덴마크의 자유교육 사상과 농민협동조합의 전통을 구현해온 풀무농업고등기술학교의 오랜 경험에 오마이뉴스라는 언론의 홍보 역량까지 더해져서 한국형 애프터스콜레 모델을 만들어 가고 있다.[3] 교육과정의 수준이나 학생, 학부모의 만족도가 높은데도 수업료와 숙식비 부담이 크고 학생 수가 기대만큼 늘지 않아 운영에 어려움을 겪고 있다. 서울시교육청과 함께 기숙형 오디세이학교를 꾸리는 방안에 대해서도 논의하고 있다고 한다. 국가의 지나친 간섭 없이 자율성을 보장받으며 공적인 지원을 담보하는 덴마크 자유교육 사례가 한국에서도 현실화되기를 기대한다.

전환기교육의 상상력을 위한 제안

2019년 충북의 전환기교육을 위한 연구를 진행하면서 들었던 생각을 나누어보고자 한다.[4] 먼저 덴마크와 아일랜드 사례를 포함하여 현재 제도권을 중심으로 운영되고 있거나 준비되고 있는 전환기교육의 유형은 '학교'다. 그런데 학교 유형이 갖는 한계가 있다. 제도권의 학교는 안정성이라는 장점이 있지만

---

3 오마이뉴스는 신안군과 함께 청년과 성인들을 위한 한국형 폴케호이스콜레인 '섬마을인생학교'를 여는 등 지자체와의 연계를 통한 협력사업도 활발히 전개하고 있다.
4 자세한 내용은 「충북형 전환학년 시스템 구축 방안 및 전환학년 교육과정 연구」(이치열 외, 2019, 충청북도교육연구정보원) 참조.

혁신적인 전환기교육을 하기엔 경직되어 있고, 학교의 설립과 운영 측면에서도 무겁고 까다로우며 융통성이 부족하다. 또 일 년이라는 교육과정 기간을 상정해야 하는데, 이 또한 다양한 아이들이 전환기교육을 선택하는 데 방해 요소로 작용할 것으로 보인다.

이러한 난점을 해결하기 위한 대안을 고민해볼 필요가 있다. 학교를 통해 전환기교육을 해야 한다는 관념을 내려놓는다면 다양한 방식으로 더 많은 아이들에게 전환의 기회를 제공할 수 있다. 전환기교육이 필요한 시기, 기간, 장소 등에서 다양한 융통성을 발휘해보자는 거다. 이를테면 어떤 아이에겐 고1이 적정 시기일 수 있지만 다른 아이에게는 중3이 적정 시기일 수 있다. 누구는 1년이라는 기간이 필요할 수도, 누구는 6개월이나 3개월이면 된다고 생각할 수도 있다.

이런 경우를 위해 반드시 전환기학교에 정식으로 입학하지 않고도 좀 가볍게 접근할 수 있는 장치가 있다면 어떨까? 지역 곳곳에 전환기교육에 특화된 센터 같은 것이 있다면, 3개월 내지 6개월 정도 집에서 가까운 센터에 등하교하면 되고, 그 센터는 교육(지원)청이 직영하거나 서울 구로의 '다다름학교'같이 지자체와 협업하는 형태로 운영할 수도 있을 것이다. 또 지역사회에서 검증된 교육기관, 예를 들면 대안교육현장 같은 곳을 전환기교육기관으로 지정하여 위탁운영할 수도 있다. 그럴 경우 고1 학생들만이 아니라 중3이나 고2 등 다양한 연령대의 아이들에게 기회를 제공할 수 있다(이 경우 기존의 위센터나 대안교육 위탁기관 등과의 조율도 필요할 것이다).

여기서 중요한 건 전환기교육의 참여 기회가 대상의 구분 없이 누구에게나 열려 있어야 한다는 점이다. 자아발견과 진로설계의 욕구를 가진 아이도 있을 테고, 특정 분야에 관심이 집중되어 그것만 하고 싶어 하는 아이, 치유와 돌봄이 필요한 아이도 있을 테지만, 어떤 동기든 좀 쉬면서 자신을 돌아보고 내적인 힘을 충전하고자 하는 아이라면 누구에게나 열려 있는 배움터여야 할 것이다. 초기부터 그런 방향으로 세팅해야 한다.

많은 학생들이 경험해볼 수 있도록 단기 캠프식 프로그램 같은 것을 다양하게 운영할 필요도 있다. 아직 전환기교육에 대한 이해가 부족하고, 설사 좀 안다 해도 선택을 망설이는 청소년, 학부모가 많은데, 짧은 기간이나마 체험 프로그램 등을 경험함으로써 전환기교육의 취지를 이해하고 공감대를 넓혀가는 적극적인 시도가 필요하다.

'전일제' 과정을 선택하기 부담스럽다면, 이 과정과 별도로 학생이 필요로 하는 '주제(과목)'를 자유롭게 선택하고 탐색할 수 있도록 '학점제형' 전환기교육도 고려해볼 수 있다. 즉 고등학교 전체 과정에서 '학점'을 이수하도록 모듈을 개발해주고, 청소년이 주체적으로 진로를 탐색·설계할 수 있도록 하는 '학점제형' 전환기교육을 만들어보자는 거다. 앞으로 실시될 고교 학점제에 전환기교육의 영역을 확보하고, 고교학점제의 활성화에도 기여하는 시너지 효과를 기대해볼 만하다.

다른 하나는 전환기교육 영역을 전기 청소년기와 후기 청소년기를 연결하는 데서 더 나아가 후기 청소년기와 청년기를 잇는 교육으로 확장하자는 것이다. 100세 시대를 살 현재 청소년들에게 중등과정 이후부터는 스스로 알아서 살라고 하기엔 너무 준비가 안 되어 있어 헤매는 청년들이 수두룩하다. 변화하는 현실에 부합하여 중등과정 이후의 20대 초반 청년들을 대상으로 1, 2년 정도 교육청과 지방자치단체가 책임지고 전환기교육을 실행하자는 것이다.[5] 이를 위해서는 초중등교육에 평생교육의 관점을 접맥하여 기존 중등교육의 책무영역을 성인기 초반까지 확장하는 발상(패러다임)의 전환이 요구된다. 이는 전통적인 초중등교육과 평생교육의 다리를 놓는 교두보를 마련하는 정책이 될 것으로 본다. 현행 청소년기본법이 9~24세를 청소년으로 규정하고 있는 것만 보더라도 설득력이 있는 얘기다. 서울시평생교육진흥원이 '모두의학교'에서 진행하고 있는 청년인생설계학교 프로젝트 같은 것과 협업해도 좋고, 대안교육 현장에서 진행하고 있는 포스트 중등 프로그램이나 다양한 청

---

5 덴마크의 폴케호이스콜레나 영국의 갭이어와 같은 청년 갭이어 프로그램(가칭 '삶의기술학교') 정도가 어떨까.

년협동조합과 연계해서 진행해도 좋을 것이다.

마지막으로 전환기교육과 시민주도 교육과의 만남이다. 전환기교육의 중요한 학습원리 중 하나는 '학교 안과 밖을 넘나들며 배우기'인데, 기존 학교 교육과정만으로는 그 취지를 실현하기가 불가능하다. 마을(지역사회)이 가지고 있는 다양한 교육자원을 적극적으로 발굴하고 아이들의 교육과정에 연계함으로써 삶과 배움이 만나는 진정한 교육을 할 수 있다. 그렇게 학교와 마을 간의 벽을 허물고 협력함으로써 '마을은 아이를 품고, 아이는 커서 마을을 품게' 되는 마을공동체의 지속가능성이 보장될 것이다. 이미 활발하게 진행되고 있는 마을교육공동체사업이나 혁신교육지구와 연계한다면 교육자원이 더 풍부해질 수 있을 것이다. 이것이 시민이 주도하는 전환기교육의 지속가능성을 담보하는 방식이 아닐까 생각한다.

새로운 교육의 대안이 될 수 있을까

현재 진행되고 있는 제도권 전환기학교의 경우 각종학교 혹은 위탁기관의 형식을 띠고 있다. 일반학교가 아닌 형태로 진행되고 있는 양상인데, 제도권에서 이런 시도를 하는 것이 녹록지 않은 현실임은 충분히 이해하지만 앞으로 어떤 전망을 가져야 하는가는 중요하다. 앞으로도 계속 주류 학교의 주변부에

머무르며 제도교육의 틈새를 보완해주는 방식으로 유지할지, 처음부터 아일랜드의 전환학년제처럼 제도권의 교육과정을 과감하게 흡수하는 방식을 택할지 방향 설정이 중요하다. 초기 세팅은 여건상 주변부로 시작하지만 조만간 일반학교의 교육과정, 더 나아가서는 학제 개편으로까지 나아갈 것인지 등에 관해 중장기적인 기획과 치밀한 실행이 요구된다.

그래서 오디세이학교처럼 전환기학교의 학생 구성도 일반학교와 비슷하면 좋겠다. 일반적인 아이들이 전환의 시기를 잘 보낼 수 있는 최적의 교육과정을 만들어내는 거다. 교육과정의 일반화 과정을 통해 일반학교에서도 적용가능한 교육과정의 모델 만들기! 그래서 그 일 년을 잘 지내고 나면 주체적인 힘이 길러지고, 이를 바탕으로 무엇을 하든 스스로 결정하고 책임지며 행복하게 살아갈 수 있는 기초 소양이 길러지더라. 그거 진짜 의미 있는 교육이다, 하는 인식을 만들어가야 할 것이다. 그런 과정을 통해 전환기교육이 주변부에서 중심부로 확고히 자리 잡아가기를 바란다.

이를 위해서는 개별 현장들의 각개약진만으로는 역부족이다. 서로 정보를 나누고 교류하며 함께 실천함으로써 사회 전반에 전환기교육을 안착시키고 교육개혁에 일조할 수 있도록 제도 안팎을 망라한 전환기교육 주체들의 연대활동이 필요하다. 이에 '(가)전환기교육협의회'의 구성을 제안한다.

교육과정의 철학적 지향과 구성, 운영도 중요하다. 일부 아일랜드 TY처럼 지필고사만 치르지 않을 뿐 SC 교육과정 비중을 절반 가까이 높여 형식적으로 운영한다면 애초 취지와는 점점 멀어지게 될 것이다. 대부분의 덴마크 애프터스콜레처럼 일년 동안 자유롭게 다양한 공부를 할 수 있게 하되, 개인의 인격도야와 민주시민으로서의 기초 소양을 기르는 것을 명확한 목표로 운영한다면 매우 의미 있는 시도가 될 것이다. 그렇게 자란 아이들은 제아무리 불안과 경쟁 바이러스가 침투하더라도 스스로 자신을 방어할 자가면역력을 갖추게 될 테니 말이다.

마지막으로 시민주도로 전환기교육을 이끌어갈 수 있는 방안을 대안교육에서 주도적으로 강구해봤으면 좋겠다. 그래야만 국가 교육정책의 변화에도 흔들리지 않고 건강하고 지속가능한 전환기교육이 가능할 것이다. 덴마크의 자유교육 사례에서도 볼 수 있듯이 시민이 주도하는 풀뿌리 민주주의 방식으로 전환기교육의 판짜기가 될 수 있도록 관심을 갖고 참여했으면 한다. 서울의 오디세이학교에서와 같이 관(官)이 주도하고 제도 밖 대안학교가 협력하는 방식을 넘어서, 시민이 주도하고 관이 지원하는 형태로 전환기교육이 전개되게 대안교육 현장들이 좀 더 관심을 갖고 참여하기를 바란다.

참여하는 방식은 다양할 것이다. 기존의 대안교육 현장에서 운영해오던 교육과정과 학제에 변화를 꾀하는 방법도 있을 테고, 공교육과 협력하여 전환기교육에 참여하는 방법도 있을 것이다. 지역교육공동체 차원에서 연합하여 캠프를 열거나 전환기교육 관련한 공동 프로젝트를 진행할 수도 있을 것이다. 이런 적극적이고 유연한 발상이 요즘 대안교육이 봉착해 있는 위기 상황에 하나의 실마리를 제공해줄 수도 있지 않을까 조심스럽게 기대해본다.

(vol. 128, 2020. 3-4)

2부

전환기교육의 실험과 상상

천 개의 해방구 만들기

나이의 통념에서 벗어나기

"한 살에 걸음마가 늦으면 지는 걸까? 네 살에 영어유치원 못 가면 지는 걸까? 여덟 살에 반장이 못 되면 지는 걸까? 열 다섯 살에 영어 발음이 된장이면 지는 걸까? 스물여섯 살에 대기업 못 가면 지는 걸까? 서른네 살에 외제차 못 타면 지는 걸까?" 공중파를 탄 한 대기업 통신사의 광고 카피다. 광고의 요지는 다른 사람들 기준에 맞춰 살지 말고 자기 기준으로 살자

현병호 _ 『민들레』 발행인. 『스스로 서서 서로를 살리는 교육』 『반지성 주의보』를 쓰고, 『소통하는 신체』 등을 우리말로 옮겼다. 이 글은 『민들레』 76호와 95호에 실린 글을 수정 보완한 것이다.

는 건데, 실제로는 은근히(또는 노골적으로) 나이에 따른 비교 심리를 자극하고 경쟁심을 부추긴다. "당신이 살고 있는 집이 당신을 말해줍니다" "오랜만에 만난 친구가 어떻게 지내냐기에 그랜저로 대답했다"에 버금가는 반사회적 광고라 할 만하다. 사실 저 광고에 담겨 있는 문제의 본질은 영어유치원, 반장, 대기업, 외제차라는 평가 기준에 있는 것이 아니라 '지는 걸까?'라는 경쟁 패러다임에 있다. 삶을 '이기고 지는' 문제로 보도록 은근히 몰아간다.

이윤을 위해 물불 가리지 않는 자본은 소비자들의 우월감과 뒤처지는 데 대한 두려움을 교묘하게 부추긴다. 나이는 우리 사회에서 큰 비교 기준으로 작용한다. 늦어도 여덟 살에는 초등학교에 들어가야 하고, 열네 살에는 중학교, 열일곱 살에는 고등학교, 스무 살에는 대학에 들어가야 제 코스를 밟는 걸로 여겨지는 사회에서 누구도 이 통념을 벗어나기 어려운 삶을 살아왔다. 더 나아가 결혼은 몇 살쯤 해야 하고, 몇 살쯤엔 과장, 몇 살쯤엔 부장이 되어야 하는 인생 틀에서 벗어나지 않기 위해 다들 노심초사한다.

하지만 이 틀도 빠르게 균열이 가고 있다. 미혼과 비혼이 늘고, 정년이 당겨지고, 평균수명은 나날이 늘어나면서 인생 지도가 달라지고 있다. 정보화 사회로 넘어가면서 나이가 계급이 되는 농경 사회의 문화도 바뀌고 있다. 재수생, 삼수생이 늘면서 대입 연령 기준이 희미해졌듯이, 중고등 과정에서 한 해 '꿇는' 것을 곧 무릎을 꿇는 것처럼 여기던 사회 분위기도 예전보다는 느슨해진 느낌이다. 학교를 그만두는 것이 그다지 대수롭지 않은 일이 된 것과 무관하지 않을 것이다. 사실 고등학교 1학년을 열일곱에 다니든 열여덟에 다니든 무슨 대수일까. 나이의 통념에서 벗어나면 틀에 맞춘 삶을 살지 않아도 되고, 선택의 폭이 훨씬 넓어진다.

학생들에게도 안식년이 필요하다

자유학기제 또는 전환학년제에 대한 사회적 공감대가 조금씩 확대되고 있다. 정규 교육과정에 쫓겨 자기 삶을 돌아볼 여유가 없는 10대들에게 한 학기 또는 일 년 정도 한숨 돌리며 쉴 수 있는 틈을 만들어주자는 것이다. 자신이 어디를 향해 달리는지, 왜 달리는지, 이렇게 달려야만 하는 건지 돌아볼 수 있는 기회가 될 것이다. 한편 달리기를 포기하고 널브러져 있는 아이들에게는 삶의 다양한 가능성에 눈을 뜨는 계기가 될 수 있다. 인생에는 하나의 코스만 있는 것이 아니며 또 그렇게 선착순 달리기를 해야만 하는 게 아니라는 것을 알게 되면 자신이 걷고 싶은 길을 여유롭게 걸으면서 새로운 길을 찾을 수 있게 될 것이다.

우리 사회처럼 경쟁이 심한 교육환경에서 10대나 20대가 빠지기 쉬운 함정은, 저만치 앞서 달리는 친구들을 보면서 자신은 '이미 늦었다'고 생각해 일찌감치 자포자기 상태에 빠지는 것이다. 언제부턴가 '이생망(이번 생은 망했다)'이라는 말이 젊은 층에서 유행어가 되다시피 한 것은 10대와 20대의 좌절감이 얼마나 심각한지를 보여준다. 30~40대가 되어 지난날을 돌아보게 되면, 뭘 시작해도 늦지 않은 나이에 왜 그렇게 일찍 좌절했던가 후회하게 되지만 당시에는 그런 눈을 뜨기가 힘들다. 전환학년제는 무엇보다 인생의 전환점이 필요한 아이들에게 그 가능성을 열어줄 수 있다는 점에서 오늘날 한국 교육 현실에 절실한 제도이다.

대학교수들의 경우 6년을 일하면 1년간 안식년을 갖는데, 학생들은 12년, 아니 16년을 쉼 없이 달리도록 요구받는다. 교수들의 경우 안식년은 학문의 깊이를 더하는 연구년이기도 한데, 학생들도 일 년 정도의 탐색기 또는 전환기를 가질 수 있게 제도적으로 보장하는 것은 그들의 성장에 적지 않은 도움이 될 것이다. 학생들을 위한 안식년의 필요성에 일찌감치 눈을 뜬 사회에서는 다양한 방식으로 이를 제도화하고 있다. 우리 사회에서는 이제야 논의가 시작되고 있다. 배움의 과정에서 한두 해 쉬는 것을 더 이상 '꿇는다'는 부정적인 표현으로 규정하지 않는 사회가 되어야 한다. 한 해를 '꿇는' 것이 별 대수롭지 않은 일이 되면 '끓는다'는 말 자체가 사라질지도 모른다. 다른 길을 걸어보는 것이 왜 '끓는' 일이 되어야 할까.

틈새 넓히기

대부분의 대안학교들이 3년제 이상의 정규 학교 형태를 띠고 있어 대안학교를 선택하는 일은 상당한 마음의 준비를 필요로 한다. 심사숙고해서 선택했다 하더라도 막상 다녀 보니 학교와 맞지 않아서 중간에 나오는 경우도 적지 않다. 그렇지 않더라도 도중에 혼란을 느끼고 좀 쉬어가고 싶어 하는 아이들도 있다. 상급학교에 진학하기 전에 일 년 정도 유예 기간을 갖고 진로를 탐색할 수 있는 틈새학교가 있다면 시행착오를 크게 염려하지 않고도 다른 길을 걸어볼 수 있을 것이다.

이러한 모델은 아이들의 연령대에 따라 크게 두 가지 유형으로 나눌 수 있다. 중학생 연령대의 아이들이 고등학교에 진학하기 전에 거치는 코스, 그리고 대학에 진학하거나 사회로 나가기 전에 거치는 코스. 이는 사실 덴마크의 애프터스콜레, 폴케호이스콜레와 비슷한 개념이다. 덴마크의 공교육은 어느 나라보다 진보적임에도 수백 개의 프리스콜레와 애프터스콜레가 존재한다. 표준화 교육 안에서 소화하기 힘든 개별화 교육을 위한 교육과정인 셈이다.

애프터스콜레는 그 이름 때문에 자칫 '방과후 학교'로 잘못 번역되기도 하는데, 정규 교육과정과 별도로 운영되는 1년(또는 6개월) 과정의 독립된 학교이다. 아일랜드의 전환학년제와 달리 정규 학제에 편입되어 있지 않으며, 대개 고등학교에 진학하기 전 자신의 진로를 탐색하는 시기를 갖고 싶어 하는 아이들이 이 과정을 선택한다.[1]

이런 틈새학교는 일반학교에서 그저 시간이 흐르기만을 기다리며 죽은 듯이 지내는 학생들에게 절실한 대안이 될 수 있다. 졸업장이 나오기를 기다리며 허구헌날 책상에 엎드려 자는 아이들을 방치하는 것은 얼마나 무책임한 교육인가. 꽃다운 나이에 꽃을 피우기는커녕 나날이 시들어가는 아이들을 보면서 교사들이 느끼는 좌절감은 또 얼마나 큰가. 서로의 인생을 낭비하게 만드는 이 구조를 바꾸어야 한다.

공교육 시스템을 바꾸기는 어렵지만 곳곳에 작은 틈을 내어 해방구를 만들 수는 있다. 그런 틈새들이 늘어나면 머지않아 시스템도 바뀔 것이다. 틈새 넓히기. 지금 우리가 해야 할 일은 이것이 아닐까. 지난 20여 년 동안 수백 개의 대안학교가 생겨났지만 이제는 좀 더 가벼운 학교를 만들어보자. 학교 형식을 넘어선 배움터에 대한 상상력을 펼쳐보자. 일 년 또는 한 학

---

1 프리스콜레와 애프터스콜레를 선택하는 아이들이 각각 15%, 30%가 넘는다.

기 단위로 운영되는 음악학교, 춤학교, 작가학교, 여행학교 같은 다양한 배움터를 만들자.

이 유형의 학교를 범주화해서 지금의 제도에 따른 이름을 붙이자면, '단기 특성화 대안학교'라 부를 수 있을 것이다. 현재의 위탁형 대안학교를 이런 유형의 단기 특성화학교로 만들 수도 있다. 지금 위탁형 대안학교는 대부분 중도탈락 위기에 놓인 학생들이 울며 겨자먹기로 선택하는 길이어서, 일반 학생들은 거의 선택하지 않는다. 단기 과정의 특성화 대안학교가 많이 생겨난다면 누구보다 일반학교에서 죽어 지내는 아이들에게 도움이 될 것이다.

쉼이 모든 아이들에게 필요한 것은 아니겠지만, 적어도 10퍼센트 아니, 1퍼센트의 아이들에게만이라도 숨통을 열어준다면 학교에서 시들어가는 많은 아이들이 생기를 찾을 것이다. 중학교를 졸업하는 아이들 백 명 중 한 명만 이런 과정을 선택해도 5천여 명의 아이들이 새로운 경험을 하게 된다. 1천 개의 틈새 학교가 생겨난다면 공교육은 자유학기제로 인한 부담을 덜 수 있고, 대안교육 현장들은 새로운 활동 영역을 찾을 수 있다.

인구가 우리나라의 10분의1인 덴마크에는 250여 개의 애프터스콜레가 있다. 1천 개는 결코 많은 숫자가 아니다. 공교육체제 안에서 모든 것을 감당하려 하기보다 대안교육과 협력하여 아이들을 살리고 교육을 살리는 길을 열어가보자.

10대들의 해방구

전환학년제를 위해서는 아일랜드처럼 기존 학제 안에 별도로 특별학년을 두는 방안과 덴마크처럼 별도의 독립된 단기 학교를 만드는 방안이 있을 수 있다.[2] 두 가지를 병행하는 것도 가능할 것이다. 하지만 특별학년제의 경우 자유학기제와 마찬가지로 통학을 전제로 한다고 볼 때 학생들의 입장에서 확실한 전환점을 갖기가 쉽지 않을 것이다. 일반 학생들은 사교육의 유혹에서 벗어나기 어렵고, 가정환경과 주변으로부터 좋지 않은 영향을 받고 있는 학생들의 경우 환경의 변화를 기대하기 어렵기 때문이다. 확실한 전환점이 필요한 아이들을 위해서는 기숙형 학교가 더 나은 방안이 될 것이다.

어려운 처지에 놓인 아이들일수록 삶의 전환점이 절실하다. 비행 청소년을 대상으로 벨기에의 오이코텐과 프랑스의 쇠이유에서 진행하고 있는 2천km 도보여행은 백일학교와 유사한 일종의 애프터스콜레 유형으로 볼 수 있다. 우리나라에서 소년원 대신 '정화학교'라는 나이브한 이름으로 정규 학교 교육과정에 교정 프로그램과 직업 교육을 가미한 것보다 실제로 더

---

2 4년제 공립 고등학교에 대한 정병오의 제안(2013년'자유학기제 어떻게 할 것인가' 정책토론회 자료집), 10-15-20 특별학년제에 대한 조한혜정의 제안(《한겨레》2012년 10월 16일자 칼럼) 참조.

효과가 높은 편이다(소년원 출신 재범율이 평균 80%인데 비해 쇠이유 출신은 15%에 불과하다).

문제는 전환점이 필요한 아이들이 전환에 대한 욕구를 갖기가 쉽지 않다는 점이다. 소년원을 가게 될 아이들이 쇠이유의 걷기 프로그램을 선택하는 것은 전환에 대한 욕구 때문이기보다 소년원에 가지 않기 위한 방편이다(열 명 중 한두 명은 석 달을 걷기보다 차라리 소년원을 택한다고 한다). 하지만 삶의 전환을 이루기에 이보다 적절한 길도 없을 것이다. 막다른 길에 처한 아이들은 자의 반 타의 반 이런 길을 선택할 수 있지만, 어정쩡한 상태에 처한 아이들은 이런 기회를 갖기도 어렵다. 삶의 의욕을 잃은 아이들이 자신의 새로운 모습을 발견하고 삶의 다양한 가능성에 눈뜰 수 있는 계기를 만들어줄 필요가 있다.

자유학기에 단기 위탁학교를 다니는 것도 생각해볼 수 있다. 일반 학교에서 자유학기 과정에 다양한 코스를 마련하기란 쉽지 않다. 단기 코스의 다양한 학교들이 생겨나 자유학기 기간에 이런 학교를 선택해 다닐 수 있게 하는 것이 보다 현실적인 방안이다. 짧게는 3개월부터 1년 과정까지, 교육과정이 다양한 학교들이 필요하다. 이는 현재의 위탁학교 제도를 활용해도 가능하다. 문제를 일으킨 학생들이 가서 시간을 죽이는 학교가 아니라 일반 청소년들이 자유학기 기간에 자유롭게 선택해서 갈 수 있는 위탁학교가 되어야 한다.

삶의 전환이 필요한 아이들을 위한 대안 마련에 공교육과 대안교육이 손잡고 적극 나서야 할 때다. 서울시교육청과 민간 대안교육 현장이 손잡고 2015년부터 1년 과정의 오디세이학교를 꾸리고 있지만 아직 5개 현장에 100여 명의 학생들이 혜택을 누리는 데 그치고 있다. 다행히 다른 시도 교육청도 비슷한 시도를 하고 있어 전국으로 확대될 가능성이 보인다.

대입 정시가 확대되고 청년 취업이 힘들어지면서 입시 트랙에서 벗어나기를 두려워하는 사회 분위기가 형성되고 있다. 하지만 정해진 트랙을 달려간다 해도 대부분 길 찾기에 실패하는 상황에서 10대 시절에 좀 더 일찍 길 찾기 과정을 거치는 것이 시행착오를 줄이는 길이 될 수 있다. 적극적인 홍보와 함께 수요자의 요구를 반영하는 현실적인 전환기교육 모델을 만드는 노력이 병행되어야 할 것이다.

일반학교 교사 중에 뜻있는 이들이 힘을 모아 단기 학교를 만드는 것도 시도해볼 만하다. 학교에서 좌절해 있는 아이들을 보면서 교사로서 좌절감을 느끼고 있는 것보다 훨씬 나은 길이 아닐까. 학비와 기숙사비를 부담하기 힘든 학생들을 위해 공적 재원을 지원할 수 있는 길도 찾아야 할 것이다. 학생들 스스로 학비와 생활비를 벌 수 있는 길을 열어주는 것도 좋은 방안이다. 구태의연한 학교 시스템이 아닌 다양한 형식의 배움터를 만들 수 있을 것이다.

청년들을 위한 해방구

산업 자동화의 여파로 노동력이 남아돌면서 세계적으로 청년들의 일자리가 줄어들고 있고 성인기로 진입하는 시기도 점점 늦춰지고 있다. 대학이 취업준비소로 전락한 지 오래지만 이제는 그마저도 힘든 상황이다. 오늘날 많은 대학(대학원)들은 성인기로 제대로 진입하지 못한 청년들이 어영부영 시간을 보내는 곳이 되고 있다. 고민이 깊은 대학생 중에는 한두 학기를 휴학하고 여행을 하거나 어학연수를 떠나기도 한다. 대학에 들어가기 전에 이런 과정을 거친다면 시행착오 과정을 줄일 수 있다.

조한혜정 선생이 제안한 10-15-20 특별학년제처럼 15세 무렵에 자기를 돌아보는 시간을 갖고, 20세에는 공익활동을 하면서 그 세대가 당면하거나 앞으로 당면하게 될 문제를 스스로 풀어갈 수 있는 힘을 기르는 것은 당사자들이나 사회를 위해서도 매우 필요한 일이다. 대학 진학을 목전에 둔 상황에서 이런 과정을 선택하기란 쉽지 않겠지만, 진로를 진지하게 고민하는 청년들의 경우 이미 개인적으로 이런 탐색기를 갖는 사례가 점점 늘고 있다.

특히 군입대를 앞둔 청년들의 경우 대학에 진학하지 않으면 고등학교 졸업 후 입대 전까지 매우 어정쩡한 상태에 놓이게 되는데, 이 기간 동안 자신의 진로를 모색해볼 수 있는 단기 과정의 시민대학 같은 학교가 있다면 많은 도움이 될 것이다. 바로 덴마크의 폴케호이스콜레 같은 모델이다. 이를 사회적기업 방식으로 풀어내고 있는 한국글로벌갭이어는 청년들이 인턴십과 여행, 봉사, 강좌 등 다양한 활동을 할 수 있게 도와준다. 기존의 대학 동아리를 인터넷 동호회처럼 불특정 다수에게 열어놓은 '열정대학', 1+년제로 운영되는 지식순환협동조합도 눈여겨볼 만한 모델이다.

디자인학교로 문을 연 파주타이포그라피배곳(PaTI) 같은 전문 과정의 대안대학들이 다양하게 생겨난다면 진로 선택의 폭이 넓어질 것이다. NGO학교[3], 건축학교, 사진학교, 영화학교 등 다양한 배움터들이 서로 연계되면 네트워크형 대안대학이 될 수도 있다. 네덜란드의 비즈니스 스쿨 '노매즈'처럼 회사를 겸한 학교도 가능하다. 자전거를 아이템으로 한 자전거학교는 사업을 겸하기에 좋을 것이다. 구태의연한 학교 형태에 매몰될 필요가 없다.

인문학적 소양을 기르는 공부는 혼자서도 웬만큼 가능하지만 실무 능력은 혼자 익히려면 몇 배로 힘이 든다. 전공부는 인턴십 과정을 효율적으로 운영하면서 인문학적 소양과 실무 능

---

3 덴마크의 국제시민대학(International People's College, www.ipc.dk), 일본의 키노쿠니 국제고등전수학교가 이와 유사한 모델이다.

력을 함께 기를 수 있다. 시민대학처럼 고등학교 과정을 마친 친구들과 어른들이 같이할 수도 있을 것이다. 대안학교의 경우 학제를 5-5-2제로 하고 포스트 중등 2년을 진로 탐색 과정으로 꾸리는 것도 생각해볼 수 있다(사실 초중등 12년제는 좀 지루하지 않은가). 그러기 위해서는 현장들이 좀 더 긴밀한 네트워크를 이루어 큰 그림을 함께 그려야 할 것이다.

문제 해결의 열쇠는 제도나 돈이 아니라 상상력과 열정이다. 아이들에게 정말 필요한 것이 무엇인지를 눈여겨보고 세상에 널려 있는 자원을 어떻게 끌어내고 연결할지 상상력을 펼치자. 틈새는 어디나 있기 마련이고, 없는 틈은 만들면 된다. 그동안 선진국을 뒤좇느라 쉴 틈도 없이 달려왔지만, 이제는 한숨 돌릴 수 있는 여유가 생겼으니 틈새를 열어보자. 곳곳에 틈새가 열리면 우리 사회도 좀 더 살 만해지지 않을까.

(vol. 95, 2014. 9-10)

길을 찾는 일 년의 여정, 오디세이학교

배우려 할 때 배운다

"소수자의 목소리를 듣고 싶다.""목표를 '찾은' 사람이 되고 싶다.""발표랑 말을 잘하고 싶다.""공부 습관을 키우고 싶다." "토론이나 발표에 대한 울렁증이 있는데, 안 그러고 싶다.""많은 경험을 쌓고 싶다.""아직 내가 뭘 좋아하고 어떻게 살아야 할지를 모르겠다. 뭐가 잘 사는 건지 알고 싶다.""중3 때 내 모습이 맘에 안 들었다. 그런 나를 바꾸고 싶다."

김경옥 _ 도시형 대안교육 현장인 공간민들레에서 15년째 아이들을 만나고 있으며, 오디세이학교 운영도 함께하고 있다.

이 바람들은 지난 1월 7일 오디세이학교 2022학년도 지원자 면접에서 나온 학생들의 말이다. 이렇게 올해로 여덟 번째, 열일곱 인생들의 도전장을 받는다.

오디세이학교는 서울시교육청이 설립한 고교 1학년을 위한 전환학년제 각종학교다. 설립과 운영은 교육청이 하지만, 교육 과정 구성과 그 실행은 민간 대안학교가 협업해서 한다. 하나의 우산 아래 다섯 개의 다른 주체가 나름의 색깔과 방식으로 교육활동을 하고 있다. 낯설고도 혁신적인 교육시스템이다. 공간민들레는 2014년 논의 단계부터 참여해 지금까지 하나의 현장으로 함께하고 있다. 덕분에 학교 밖 청소년뿐 아니라 학교 안 청소년들의 도전장을 받는 설렘도 누린다.

오디세이 한 해 교육의 출발은 면접이다. 3월 초에 학기가 시작되지만, 12월에 지원서를 쓰고 면접에 응하면 이미 그에게는 배움과 성장의 씨앗이 뿌려진 셈이다. 면접 때는 교사와 학생 각각 7~8명이 마주 앉아 어떻게, 왜 오디세이를 선택하게 되었는지 확인한다. 저마다 표현은 좀 다르지만 학생들은 "달라지고 싶다. 오디세이가 나를 도와줄 수 있을 것 같다"고 말한다.

2015년부터 지금까지 면접장에서 만난 아이들은 스스로 뭔가를 선택한 자의 결연한 얼굴로, 행여 자기 말이 가닿지 않을까 노심초사하면서 지원의 이유를 밝힌다, 어느 말 하나 허투루 듣고 넘겨선 안 될 귀하고 소중한 도전장이다. 다들 배우고 성장하고 싶어 하는 대한민국의 열일곱 청소년들이다. 드물게 "선생님이 가보라고 했다"며 억지로 왔다는 걸 밝히는 지원자도 있지만, 그렇더라도 면접장에서 "오디세이에 다니고 싶어요"라고 말하면 그것으로 오디세이를 선택한 것이다. 자신의 입으로 '내가 이곳을 선택했노라' 선언하는 것이 중요하다.

짐작하듯이 면접 때의 열의가 일 년 내내 이어지는 건 아니다. 3월이 지나고 4월로 들어서면 봄날 눈 녹듯 흔적 없이 사라지기도 한다. 면접 날 진지한 분위기나 친구들의 말에 휩쓸려 자기도 모르게 "저 해볼래요. 달라지고 싶어요" 했을 수도 있지만, 그렇게 밖으로 드러낸 욕구를 불쏘시개 삼아 교사들은 일 년을 시작한다. "왜 왔어요?"라는 질문에 답을 하는 것으로 오디세이를 시작한 아이들은 그 뒤로도 꼬리에 꼬리를 무는 질문 속에서 일 년을 보낸다.

일 년의 교육활동에서 중요한 것

대체로 열일곱 살 무렵은 세상에 대한 관심이 폭발할 때다. 혼란 속에서 자기 세계에 몰두하던 사춘기가 지나면서 시선이 바깥으로 향하기 시작한다. 또 '내 인생은 내가 책임져야 할 것' 같은 부담감이 스멀스멀 올라오는데, 도대체 인생이란 게 뭐고, 그걸 책임진다는 건 또 무엇인지, 그러려면 지금 뭘 해야 하는지, 무엇 하나 또렷하게 보이지 않아 불안하고 두려운 때이기도 하다. 공간민들레는 일 년 동안 불안하고 의심 많은 이 열일곱 인생들이 다른 시공간을 경험할 수 있도록 돕는 곳이다.

'배우고 성장하고 싶어요' 하며 호기롭게 출발했지만 여전히 불안하고 의심 많고 무기력한 열일곱 살 청소년을 위한 교육과정을 설계할 때 우리는 두 가지를 잊지 않으려 한다. 가장 먼저 우리에게 주어진 시간은 딱 '일 년'이라는 사실이다. 자칫 과도한 욕심을 부릴 수도 있고, 때론 너무 느슨해져 타이밍을 놓칠 수도 있다. 긴 인생에서 일 년이라는 시간은 짧을 수도 있지만, 10대 아이들에게는 많은 변화가 일어날 수 있는 시간이기도 하다. 짧지만 의미 있는 일 년의 시간을 오롯이 살리려면 무엇을 어떻게 해야 할지 항상 고민하고 연구한다.

그 방법 중 하나로 가능한 모든 교육활동을 서사화하려고 한다. 시간표에 맞춰 이뤄지는 수업도, 시간표에 없는 특별한 교육활동도 기승전결의 서사와 흐름 속에 구성하고 실행하기 위해 노력한다. 무엇보다 마음이 일어나도록 하고(起) 그리고 그 마음이 계속 이어지게(承) 흐름과 내용을 기획해야 한다. 그러고 나면 잠깐 멈추고 지금까지 내가 한 것이 뭔지, 제대로 하고 있는지, 문제는 없는지, 다른 방법은 없을지 다시 생각해보는(轉) 시간을 갖는다. 그리고 마침내 기승전의 시간이 나의 경험으로 남을 수 있도록 해석하고 기록하고 정리하는(結) 시간을 갖는다. 일 년 동안 이뤄지는 모든 장·단기 교육활동이 이런 흐름과 구조를 놓치지 않도록 세심하게 살피고 체크한다. 우리에게 주어진 일 년의 시간이 손가락 사이로 빠져나가는 모래가 되지 않도록 하기 위해서다.

또 명심하는 것 하나는 여럿이 함께 서로 배우고 도전하도록 한다는 것이다. 일방적으로 배우고 가르치는 관계나 구조가 아니라, 서로 배우고 가르치면서 '함께의 힘'을 내면화할 때 각자도생을 넘어설 수 있기 때문이다. 일 년 동안 금요일 하루를 전부 채우는 프로젝트 활동이나 월요일 4시간 동안 이어지는 '연결과 사유의 방(그룹미팅)' 같은 교육활동은 물론이고, 수업이나 여행에서도 '같이 하니 좋다', '친구에게 배운다', '나도 친구에게 때론 스승이다'라는 이치를 느끼고 경험하도록 돕는다.

묻고 떠나고 만나고 배우고

공간민들레에서 일 년을 보낸 아이들은 기억에 남는 활동으로 단연 '질문을 가지고 떠나는 여행(질문여행)'을 손꼽는다. 깊은 가을, 10월 중순쯤 떠나는 질문여행은 질문을 찾아내는 것으로 시작한다. 일 년 가까이 계속된 그룹미팅에서도 고민을 나누었지만 끝내 풀리지 않는 질문을 꺼내고 그중 같이 해결하고 싶은 것을 선별해, 나름의 답을 찾는 여행을 떠난다.

여행 3주 전부터 질문을 준비하는데, 지난 학기도 참 다양한 질문이 나왔다. 아이들은 그중 '왜 우리는 대학을 가야 하나요?' '좋아하는 걸 하면서 사는 삶과 해야만 하는 걸 하면서 사는 삶 중 어떤 게 좋을까요?' '종교를 어떻게 이해해야 할까요?' '어떻게 하면 행복할까요?' '어떻게 지금의 진로를 찾았나요?' 같은 질문을 가지고 여행을 떠났다. 사실 정해진 답이 없는 질문이기도 하고, 이 질문을 가지고 누구를 찾아갈지 난망하기도 했지만, 아이들은 질문을 세우고 함께 정리하고, 누구와 나눌지 고민하는 과정에서 많은 것을 배웠다고 했다. 가정형편부터 성격까지 다 다른 친구들이 비슷한 어려움과 문제를 안고 있다는 것도 새삼 알았고, 함께 해결해가는 '동료'라는 느낌이 들었다고 했다. 혼자만 겪는 어려움이 아니라는 걸 알게 되니 자기 문제를 객관화할 수 있었다고도 했다. 또 혼자라면 만날 수 없었을 사람과의 만남이 성사되는 기쁨도 경험했다.

어떤 아이들은 종교에 대해 이해하고 싶다며 목사님과 스님 그리고 무신론자를 자처하는 나를 연달아 만나기도 했고, 대학의 정체를 파악하기 위해 중앙대학교 김누리 교수를 만나기도 했다. 관련 자료를 찾다 대학교육에 관한 김누리 교수의 유튜브 강의를 보고, 더 깊은 대화를 나누고 싶다며 메일을 보내 성사된 자리였다. 줌을 이용한 비대면 만남이긴 했지만, 혼자였다면 엄두도 못 낼 일이었다. 김누리 교수에게 보낸 메일에 답이

온 날은 함께 박수치며 환호성을 지르기도 했다. 친구의 도움으로 평소 만나고 싶었던 작가를 만나고, 가고 싶었던 장소에 가고, 무엇보다 밤새워 친구들과 속 깊은 대화를 나누면서, 답은 보이지 않고 질문은 더 깊어졌지만 마음이 따뜻해지고 힘이 나는 것 같았다고 한다.

질문여행의 백미는 누가 뭐라 해도 '질문 그 자체'일 것이다. 한 학생은 이렇게 소회를 밝혔다. "질문여행은 단순히 질문을 던지고 답을 찾는 행위를 벗어나 지금까지의 내 생각에 큰 파동을 일으켰다. 질문을 하고 이야기를 나누고 인터뷰를 진행하면서 예상치 못했던, 혹은 이미 알았지만 모르는 척하고 있던 문제들과 마주했다. 여행 전까지만 해도 잔잔한 호수였는데, 지금은 물결이 멈추지 않는다."

또 다른 아이는 질문여행 덕분에 하고 싶은 일을 찾게 되었다고 한다. "오디세이를 다니며 나는 교육에 대한 관심이 커졌다. 교육의 변화에 힘쓰는 사람이 되고 싶고, 그것을 업으로 삼고 싶다는 생각이 들었다. 그래서 교사라는 꿈을 갖게 되었다. (…) 질문여행을 통해 나는 내가 어떤 것을 하고 싶은지, 그리고 어떤 일을 하며 살 것인지 구체적으로 생각하게 되었다." 이 여행을 다녀와서 '인생을 어떻게 살 것인가?'라는 질문을 품게 되었다는 아이도 있었다. 아마도 모든 아이들이 여행에서 돌아와 누운 잠자리에서 이 질문에 답을 찾다 잠이 들지 않았을까.

함께할 때 깊어지는 공부

대한민국의 고1 학생 대부분은 누구도 가르치지 않았지만 저절로 배운 게 있으니, 공부도 인생도 결국 혼자 해내야 한다는 것이다. 아무리 친한 친구라도 경쟁 상대이고, 공부는 골방에서 홀로 분투해야 하는 고독한 작업으로 여긴다. 협동이나 협력 활동도 여러 번 해봤지만 혼자 하는 것보다 더 외롭고 힘들었다. 많은 경우 내 노력과 재능에 무임승차하는 사람을 경계하거나, 나 때문에 졌다고 지적하는 사람들을 피해 숨죽이고 있어야 했으니까.

이런 경험을 가진 아이들과 일 년 동안 전환의 시간을 갖고 '함께! 배우기'를 시도했다. 공부는 함께할 때 더욱 깊고 풍성해진다는 것을 경험했으면 했다. 다가올 세상이 어떤 세상일지도 모르고 내가 그 세상에서 어떤 사람으로 서게 될지도 모르지만, 배우기를 멈추지 않으면 어떤 상황에서도 내 존엄을 지키며 잘 살 수 있다고 믿기 때문이다. 오디세이학교는 이제 8년 차에 접어들었다. 여전히 부족한 것이 많지만 어제보다 더 나은 자신이 되고 싶은 아이들, 그 도전에 힘을 보태고 싶어 하는 교사들의 모험은 오늘도 계속될 것이다.

(vol. 139, 2022. 1-2)

꽃다운 친구들, 방학이 일 년이라니!

"이게 다 너 잘되라고 하는 소리야"

"용돈 아껴 써라." "어디 학원이 좋다던데 거길 다녀라." "쟤랑은 놀지 마라." "지금부터 딱 한 시간만 놀아라…" 자녀를 겨냥한 부모의 명령, 충고, 훈화를 다 모아본다면 가히 인간 삶의 모든 영역을 아우르는 '총체적인 인생 지침서(라고 쓰고 '잔소리 종합선물세트'라고 읽는다)'가 될 것이다. 학습은 물론이고 경제, 사회, 문화, 종교까지 다루지 않는 분야가 없는 것 같다. 이게

이수진 _ '꽃다운 친구들' 대표. 가족 치료를 공부했고 부모됨을 고민하는 이들과 강의 및 상담으로 만난다. 2012년 딸이 열일곱 살이던 해 갭이어를 경험한 것을 계기로 2016년 '꽃다운 친구들'을 시작했다.

다 아이 잘되라고 하는 거다, 소중한 내 아이니까 일거수일투족 관리해주는 거다, 이러는 엄마도 피곤하다, 자기 일 희생하고 하는 거다, 옆집 아이에겐 그런 참견 안 한다는 말도 덧붙여가며 말이다.

그런데 이런 훌륭한 지침서를 가진 부모들도, 아이가 네 살쯤 돼서 "싫어!"라는 말을 달고 살거나 모든 동사 앞에 '안'을 붙여 "안 먹어" "안 자" "안 사랑해"라고 말할 때의 당혹스러움을 기억할 것이다. 딱 청개구리 같던 시절, 그땐 제아무리 저항을 해봤자 금세 힘센 부모의 무력 앞에 굴복할 수밖에 없는 운명이었기에 그 모습이 오히려 귀여웠다. 그러나 소위 사춘기에 접어들면서 아이가 보이는 저항은 '요 녀석 봐라. 당돌하군' 정도를 넘어 부모로서 위기감마저 느끼게 한다.

며칠 전 우리 집에서도 모자 사이에 논쟁이 있었다. 중3 아들이 할아버지, 할머니, 친지들로부터 받은 특별용돈을 모아둔 통장에서 마음대로 돈을 꺼내 쓰지 못하는 것에 항의하면서 "내 돈인데 왜 내 맘대로 못 해? 왜 엄마는 나를 과소평가해? 나도 알아서 잘할 수 있거든?" 했다. 전에도 아들이 이런 식으로 몇 차례 항거한 적이 있지만 매번 이 현명하신 엄마의 지침에 따르곤 했는데, 이번엔 아들의 말에 무게감을 느껴 자존심상 한두 번 우기다가 결국엔 아들 손을 들어주었다. '그러게. 결국 네 돈인데, 미래를 위해 모아두는 편이 좋을 거라는 내 판단을 믿

고 따르라 했네. 언젠가는 네가 알아서 하는 거라고 마음먹긴
했지만 정작 그 언제가 언제인지는 나도 참 막연하구나.' 속으
로 이런 생각을 하며.

이렇듯 자녀를 '믿지 못함'에서 비롯되는 통제는 믿어주기로
작정하지 않으면 모드 전환이 어렵다. 그래도 아이들의 시기별
저항의 몸부림 덕분에 부모도 수시로 각성하고, 나이가 들어도
계속 삶의 태도를 전환하게 된다. 21년째 엄마 노릇을 하면서
나름 전환하는 법을 배우며 점점 나아지고 있으니 5년 터울의
둘째는 쉽게 키울 것 같은데, 그렇지만도 않다. 마음의 부대낌
은 시시때때로 새롭기만 하다. 이 일이 있고 나서 가만 생각해
보니 아이들이 맘대로 할 수 있는 것이 그리 많지 않다는 것이
새삼스럽게 다가왔다.

학기 중 평일에는 깨어 있는 시간 대부분을 학교와 학원에서
보내므로 자유로운 시간은 하루에 두어 시간을 넘기기가 어렵
다. 주말과 방학에는 보충학습, 선행학습, 각종 체험 등으로 꽉
짜인 스케줄에 자유시간을 빼앗긴다. 초등학교 고학년만 되어
도 고3 수험생만큼 비장한 각오가 담긴 일정표를 따라 살아야
하는 아이들을 목격하는 것은 그리 어렵지 않다. 그러고 보면
물질만이 아니라 시간도 아이들의 것이 아니다.

참을 만한 '멍 때리기'의 비밀

2012년 2월에 중학교를 졸업한 큰아이는 고등학교 배정을 보류하고 일 년 동안 긴 자체 방학을 가졌다. 당시에는 이름도 생소했던 아일랜드의 전환학년제를 개인 차원에서 적용해볼 야무진 속셈이었다. 전환학년제는 학교 공부에서 잠시 떠나 진로 탐색을 위해 일 년 동안 관심 있는 일을 체험해보는 프로그램이다. 아이가 왜 공부하는지 모른 채 고교 3년을 고생스럽게 보내지 않았으면 싶었던 엄마 귀에 매우 솔깃한 정보였다.

하고 싶은 일이 생기면 공부하는 목적과 의미가 생기리라 기대했지만 학교에 다니면서 그런 시간을 갖기는 어렵다고 생각했기에, 충분히 여유 있는 시간을 누리면서 그걸 찾아보지 않겠냐고 던졌고, 이 제안을 받아들인 딸은 학교에 가지 않고 홀로 긴 방학을 보내게 되었다. 일 년의 방학을 아이에게 선물로 준 것이다. 아니, 원래 아이 것이었는데 아이에게 되돌려준 것이라는 말이 더 진실에 가깝지 않을까. 아들이 저항을 통해 자기 용돈에 대한 권리를 부모로부터 쟁취한 것처럼, "나는 하고 싶은 게 없어. 내가 뭘 좋아하는지 모르겠어"라며 고민하던 딸아이의 소심한 아우성은 시간에 대한 자신의 소유권을 적극적으로 찾게 해준 단초가 된 셈이다.

자기 시간을 자기가 알아서 사용하는 것. 누구에게나 그 기회는 열려 있지만 그렇다고 아무나 긴 방학을 가질 수는 없다. 큰딸은 할지 말지 결정하는 데만 일 년 반이 걸렸다. 처음부터 대단한 용기와 포부, 의지가 있었던 건 아니다. 아침마다 늦잠 잘 수 있다는 것에 일차적으로 낚이고, 두 번째로는 남들과 달리 뭔가 특별해 보이는 것도 기분 괜찮을 것 같으니까 여타의 불안과 걱정을 뒤로 하게 된 것 같다. 결정적으로 부모가 한번 해보라고 부추기니 어느 정도 책임은 나눠질 수 있으리라 기대했을 수도 있다. 어쨌든 좋다. 일단 스스로 선택했다는 것이 중요하다. 이런 큰 모험은 딸의 열여섯 평생에 처음이었다. 안식년은 아무나 못 누린다. 선택하는 사람만이 누린다.

그러나 달랑 한 달밖에 안 되는 방학도 뭘 할지 막막하고 무료한 날이 더 많게 마련인데, 곱하기 12라니! 딸의 붕괴된 일상을 예상하여 마음을 단단히 먹었지만, 마음 한구석으로는 바람직한 방학생활을 기대하기도 했다. 결과부터 이야기하자면, 아이는 매우 오랜 시간 자고, 조금 놀고, 아주 가끔 의미 있어 보이는 활동을 했다. 의미 있어 보이는 활동이란 학교에 다닐 때는 시간이 넉넉하지 않아서 엄두를 내지 못했던 취미생활과 약간 색다른 공부, 아빠와 함께한 여행을 말한다. 그러니 평상시 방학이 12배로 늘어난 것과 정말 똑같았다! 아일랜드처럼 진로체험 기회를 찾아주는 것은 생각보다 어려웠고 거의 시도도 해보지 못했다. 엄마의 막연한 기대는 안식년 초기에 깨끗이

접었다. 내가 주경야독 하느라 바빠서 여력이 없었기 때문에 더더욱 그랬다. 그 덕분에 딸은 오롯이 자신의 시간을 누릴 수 있었다.

교과 공부에서 해방된 아이는 긴 빈둥거림과 가끔의 특별한 경험에 자신을 던져두었다. 잠을 자든 드라마 삼매경에 빠지든, 하고 싶은 대로 자기 시간을 움직이는 사람은 일단 삶이 즐거울 수밖에 없다. 모든 인간에게 자유롭고자 하는 욕구는 얼마나 큰가. 그래서 얼굴도 밝아지고 예뻐졌다. 이것은 예상하지 못했던 부대 효과로 아이에게는 가장 의미 있는 변화였다. 꽃다운친구들 1기의 한 부모님도 지난 8개월간 아이의 가장 큰 변화는 단연코 예뻐진 것이라고 말한다. 아이가 가장 자기다워지는 시간이어서 그런 것 같다고.

저러다가 굼벵이가 되는 게 아닐까 싶을 정도의 최대치 빈둥거림을 지켜보면서 속이 끓어올라 억제할 수 없는 잔소리가 종종 튀어나왔다. 아무리 방학이라지만 마치 신생아처럼 자고 또 잤다. 프랑스어를 배우고 싶다 해서 스스로 알아보라고 하니 응, 응, 대답만 하다가 결국 한 달쯤 지나서야 인터넷으로 '아베세데'를 익히기 시작, 샹송이라도 한 곡 마스터할 줄 알았는데 한 달로 끝이었다. 대개 이런 식이었다. 이보다 더 순수한 방학 생활이 있을까 싶다.

그 와중에도 한 가지 고무적인 일이 있었는데, 매일 정오가 넘어야 겨우 일어나는 아이가 일요일마다 교회에서 맡은 역할을 위해 일 년 내내 아침 7시면 집을 나섰다는 것이다. 그리고 좋아하는 연예인 팬 사인회에 가기 위해 주도적으로 계획을 세우고 결국 성취해내는 성실함을 보면서 '이런 바람직함이 더 자주 목격되면 얼마나 좋을까' 생각했다. 또 좋은 점은 가족끼리 여유로운 시간 속에서만 가능한 진심 어린 대화를 자주 나눌 수 있었다는 것. 주로 '부모 성토 대회'였지만 말이다. 아이가 자신의 마음속 복잡한 감정들을 알고 싶다고 해서 심리검사도 받고 좋은 상담 선생님을 만나 수차례 마음을 탐험하는 시간도 가졌다. 고등학교 입학을 한 달 앞두고 수학 한 단원 정도를 예습하는 것으로 아이는 긴 방학을 마무리했다. 이후 3년간 동네 일반고에서 한 살 어린 동생들과 무난히 지내다 졸업했다. 가끔은 동생들의 고민을 들어주는 언니 역할도 하면서.

진로, 길을 걷다가 때마침 발견하는 풍경

그 후 몇 해 동안 우리 가정의 특별한 경험을 궁금해하는 분들에게 대단한 듯 대단하지 않은 우리의 이야기를 나눌 기회가 많이 생겼다. 그러다가 입시경쟁에 찌들어 앞만 향해 달려가는 대한민국 청소년들에게 느릿느릿 걷는 시간도 의미가 있음을 적극적으로 알리고 싶어져서, 2016년부터 남편과 함께 '숨쉬는 방학, 꽃다운 친구들'이라는 청소년 갭이어 프로그램을 시작하게 되었다. 꽃다운 나이, 열여섯 살 이팔청춘 청소년들에게 빈둥거리는 시간을 돌려주자는 취지로 만든 모임이다. 2016년에는 열한 명이 일 년의 자발적 방학을 선택했다.

꽃다운친구들은 일주일에 두 번 만나서 자(기탐구)·봉(사활동)·여(행유희)·관(계형성) 네 영역 활동을 통해 자신과 세상의 맛을 느끼고 뜻을 깨닫는 배움과 사귐의 시간을 갖는다. 밥 지어먹기, 생활문 나누기, 책 읽고 글쓰기, 캠핑, 여행, 사진, 음악, 미술, 연극, 사람책 도서관, 장애인복지관 방문, 놀러 가기 등 다채로운 시간을 보낸다. 함께이기에 가능하고 즐거운 활동들이다.

자기이해 활동의 하나였던 '덕밍아웃(덕질+커밍아웃)' 시간이 내게 특히 인상 깊었다. 11인 11색의 개성미 넘치는 덕후들이 자신의 세계를 선보였는데 신발 디자인, 아이돌, 보드게임, 페이퍼 아트, 재즈, 애니메이션 등 그 종류가 다양할 뿐만 아니라 덕질의 깊이와 열정도 대단해서 진심으로 박수를 쳐주었다. 자신이 좋아하고 에너지를 쏟는 일이 뭔지 모르겠다던 한 친구는 긴 고민 끝에 자신이 사람 얼굴과 이름을 오래 기억한다는 것, 사람에 대해 남다른 관심이 있다는 것을 알게 되었다고 했다.

4월에는 세월호 참사 2주기를 맞아 미수습자 허다윤 학생 어머님을 초청해 얘기를 나누고 홍대 앞에서 열린 단체 피케팅에 참여했으며, 그 만남을 기억하면서 열한 명이 함께 가사를 쓰고 곡을 만들어 추모하는 시간도 가졌다. 이렇게 부지런히 이틀을 함께 보내고 나머지 5일은 최대한 빈둥거릴 자유를 누리기 위해 집에서 각자 보낸다.

첫 설명회에 취재 온 기자가 "일 년의 방학이 꿈을 찾는 데 도움이 되었느냐"고 묻자 딸은 "안식년이라는 대담한 선택을 해보았기에 앞으로도 꿈을 찾아갈 때 주도적으로 조금은 대담하게 선택할 수 있을 것 같아요"라고 다소 애매모호한 대답을 했다. 그럴 수밖에 없는 것이 열두 달 동안 잘 쉬었지만 소위 진로, 앞으로 어떤 전공을 선택할지, 어떤 직업을 가지고 싶은지에 대해서는 선명한 그림을 그리지 않았기 때문이다. 그럼 아이가 보낸 일 년의 방학은 시간 낭비였을까? 입시전쟁 속에서 덜 고생하길 바라며 꿈을 통해 공부 목적이라도 찾아보라는 의미로 안식년을 제안했으니 말이다. 아이는 느리게 흘러가는 시간 속에서 자신에 대해 많이 생각하고, 엄마아빠도 관찰하고, 느린 걸음으로 세상을 구경하면서 지금-여기를 충분히 살았을 뿐이었다.

그런 의미에서 딸의 대답은 참 정직하다. 아직 꿈을 찾은 건 아니고, 긴 휴식을 선택한 자신의 용기가 앞으로 어떻게 펼쳐질지 모르는 인생의 여정에서 뭔가 영향력을 발휘할 거라는 믿음이 생겼다는 말이다. 고2 때 관심 있는 분야로 대학 전공을 정했지만, 이 또한 진로의 일부분일 뿐 인생 전체를 결정하지는 않을 것이 분명하다. 진로는 적성을 발견하자마자 얼른 정해버려야 할 어떤 과녁이 아니라, 자신과 세상을 알아가며 끊임없이 적응하고 가꾸어가는 과정 그 자체이다.

꽃다운친구들도 아홉 달째 느슨한 시간표로 천천히 걸으면서 미처 몰랐던 자신의 모습을 발견하기도 하고, 다양한 인생 선배들을 만나 넓은 세상을 두리번거리고 있을 뿐이지만 이 시간 자체가 일 년 뒤서기로 작정한 아이들의 진로인 셈이다. 느리게 걷지 않으면 잘 보이지 않는 것들이 분명 있다. 바삐 지나갈 때는 못 보는 나 자신과 세상의 다채로운 풍경이 그것이다. 그 안에서 자신의 흥미, 적성의 희미한 실마리를 조금씩 맛보는 것이 청소년기에 경험할 수 있는 최선이라고 생각한다. 이들이 계획하지 않고 의도하지도 않은 소중한 풍경들을 감상하고 있다는 데는 의심의 여지가 없다.

딸의 안식년에 쌓은 엄마 내공

청소년기 아이들이 스스로 잘할 수 있다고, 알아서 하겠다고 선언할 때 부모들의 본능적이고도 자연스런 반응은 "잔말 말고 시키는 대로 해. 내 말 들으면 자다가도 떡이 나와"일 수 있지만, 나는 그 일 년 동안 의지적으로 다르게 반응을 해본 셈이다.

아이가 잘해내도록 최적의 조건을 갖춰주고 간섭하는 게 아니라 '스스로 알아서 하는 것'을 그저 지지해주는 쪽으로 말이다. 어쩌면 '잘 못 할 것'을 알고도 허락하는 것에 가까웠다. 자기 힘으로 자기 삶을 살아본 경험이 있는 아이들은 맷집이 생길 거라는 믿음이 생겼다. 부모라는 울타리 안에 있을 때 실수와 실패를 경험해볼 수 있다면 긴 인생 살아가며 이보다 더 좋은 배움이 있을까. 시행착오 없는 매끈한 성공은 매력이 없다. 결국 제 힘으로 살아갈 아이들이니 연습할 기회를 빼앗지 말아야 한다.

뭘 해도 안 해도 늘 불안한 이 부모 노릇을 빨리 졸업하고 싶은 마음이 굴뚝같았는데, 딸의 갭이어 경험은 부모의 본능적 불안을 견디는 데에는 부모 자신의 삶을 소중히 여기고 가꾸는 것이 가장 탁월한 효과가 있음을 알게 해주었다. 자신을 살뜰히 보살피다 보면 아이 삶에 시시콜콜 간섭할 한가함이 없어진다. 그러다 보니 점점 아이가 스스로 설 수 있도록 기회를 내어주는 괜찮은 부모로 거듭나게 되는 것이다. 순수하게 아이의 시간을 자기 것으로 되돌려주고 싶은 부모, 아이 스스로의 힘으로 살아갈 수 있게 연습의 기회를 주고 싶은 부모, 잃어버린 웃음과 아이의 고유성을 되찾고 싶은 부모들이 혼자 고민하지 않고 꽃다운친구들로 연결되어 함께하고 있다.

꽃다운친구들은 자녀와 부모가 함께하는 가족 동행 프로그램이므로 한 달에 한두 번 부모 모임을 열어서 '연애 시절'을 소재로 수다를 떨기도 하고, 아이들의 성격유형을 엿보며 부모로서 성찰의 시간을 갖기도 한다. 몸을 부대끼며 놀기도 하고, 진학지도 강연도 들었다. 또 중년의 건강 관리, 한국의 인권 문제 등 부모들끼리 품앗이로 배움의 시간을 갖기도 했다. 사실 삶에 지친 중년의 부모들이 모여서 무엇을 하는 것이 무리이지 않을까 처음엔 우려도 했는데 자녀의 안식년이라는 공통분모만으로도 든든한 동지애를 나누는 모임이 되어가고 있다. 무엇보다 자기 아이 또래를 가까이서 관찰하며 대부, 대모의 심정을 가지게 되는 특권을 누리고 있다. 공동체라서 누릴 수 있는 풍성함이다.

그런 의미에서 아이들이 꽃다운친구들을 선택한다는 것은 학교에서 또 다른 학교로의 탈출이 아니라 가족구성원으로의 귀환이다. 건강한 독립을 위한 토대로서 안정감 있는 가족 관계, 친밀한 관계를 다질 수 있는 좋은 기회다. 반면 일 년의 방학을 또 하나의 스펙 쌓기 아이템으로, 다음 단계를 성공적으로 수행하기 위한 충전 기간으로, 혹은 확실하게 진로를 찾는 시간만으로 여기는 부모님들은 분명히 실망할 것이다. 부모가 사심을 품으면 그 방학은 이미 방학이 아니다. 자기 의지 없이 부모 손에 끌려온 아이들은 긴 방학을 부모의 감시 가운데 괴롭게 보낼 것이 분명하다.

꽃다운친구들은 이제 겨우 첫돌도 지나지 않은 걸음마 시기를 보내고 있다.[1] 다만 작년에는 우리 딸아이의 희귀하고 희미한 사례에 기댄 담대한 '예언'이 전부였다면, 이제 열한 가정의 생생한 '증언'이 마련된 셈이다. 아직 한 줌이지만 너무도 귀한 한 줌이다. 이들의 용기와 결단이 쌓이다 보면 아이들을 숨 쉬게 할 새로운 길이 만들어질 테니 말이다. 무슨 방학을 일 년씩이나? 길어 보이지만 따지고 보면 백세 인생 중 겨우 100분의 1일 뿐이다.

(vol. 107, 2016. 9-10)

---

1 2016년부터 매년 서울과 경기 지역 10여 명의 꽃치녀(꽃친에 참여하는 16~18세 청소년을 일컫는 말)가 주 2회 모여 함께 활동한다. 청소년과 그 가족들이 해마다 연결되어 2021년 현재까지 60명의 경험 가족이 생겼다. 꽃치녀의 갭이어 이야기를 담은 책 『학교의 시계가 멈춰도 아이들은 자란다』(2019, 우리학교)와 「청소년의 쉼 연구보고서」(2020, 기독교학교교육연구소), 유튜브 채널 '꽃다운친구들'에서 자세한 활동 내용을 볼 수 있다.

쉴래에서 일 년 쉴래

　　말 그대로 쉬려고 택한 것이었다. 나는 초등학교 1학년부터 중학교까지 9년 동안 한곳에서 살았다. 집은 이사를 했지만 학교는 한 번도 바꾸지 않았다. 잘 몰랐기 때문이었다. 다른 대안학교가 그렇게 많은 줄 몰랐고, 전학 가면 꼼짝없이 왕따가 될 줄 알아서 여튼 버티고 버티다 보니 같은 곳에서 9년 동안 살게 됐다. 초중등 과정을 합친 대안학교였다. 기숙학교였고.

　　내 성향과 성격상 기숙사생활이 딱 맞았다고 할 수는 없겠다. 집 아닌 곳에서 사는 건 쉽지 않은 일이다. 밥 먹을 때도 잘

<hr />

안나무 _ 초등학교부터 고등학교까지 대안학교를 다녔다. 올해 고등학교 졸업 프로젝트로 『내 작은 세계의 발버둥』이란 책을 썼다.

때도 씻을 때도 수업을 들을 때도 곁에는 늘 친구들과 선생님들이 있었다. 어디서든 싫은 사람은 생기기 마련이고, 사람들이 좋든 싫든 종일 나 홀로일 수 없는 것이 괴로울 때가 있다. 기숙사 생활이란 어느 정도의 괴로움을 동반할 수밖에 없는 것이다.

꿇는다는 것

9년을 마치고 나자 피로감이 몰려왔다. 대안학교에 질린 것은 아니었지만 지쳤다. 조그마한 곳에서 알고 싶지 않아도 다 알게 되는 소수의 사람들과 부대끼는 생활에서 잠시 멀어지고 싶었다. 어떤 형태로든 쉼이 필요했다. 중학교를 졸업한 후 일 년 쉬기로 했다. 일 년 쉰다는 것은 원래 때맞춰 받아야 할 고등교육을 일 년 뒤에 받는다는 이야기고, 일 년 '꿇는' 것이다.

그렇게 불렀다. '꿇었다'라고. 지금 보니 꽤 자존심 상하는 단어다. 무릎을 꿇었다는 얘기와 비슷하게 들리지 않는가. 요즘도 학교를 또래보다 1~2년 늦게 가는 일을 꿇는다고 표현하는지 모르겠는데, 내가 초등학교와 중학교를 다닐 때는 그렇게밖에 달리 부를 말이 없었다. 저 오빠는, 저 언니는 일 년 꿇었대.

사실 나로서는 아주 어렵거나 두려운 결정은 아니었는데 되려 엄마가 물었다. 나중에 너보다 어린 애들이 너를 친구처럼 대해도 상관없겠니. 뒤처진다는 생각이 들지 않겠니. 조금도 개의치 않았다면 거짓말이다. 일 년 꿇은 친구들을 자주 봐왔다. 다니던 중학교를 그만두고 내가 있던 대안학교로 다시 입학한 친구도 있었고, 각자의 사정으로 한 살 어린 친구들과 같은 반을 쓰는 친구들이 있었다.

학년이 같아도 나이가 많으면 언니, 오빠라고 불렀다. 학년보다 나이가 먼저였다. 모든 '꿇은' 사람들이 그런 건 아니었지만, 그 언니 오빠 중에는 (특히 오빠 중에는) 이전 학교에서 무슨 일을 벌이고 자퇴한 사람도 있었다. 뭔 일을 치고 왔다고 소문이 무성한 오빠(와 언니)들도 어딘가 문제 있어 보이거나 크게 유별난 것처럼 느껴지지는 않았다. 다들 그 나이대에 일으킬 수 있는 문제를 소소하게 일으키며 살아가니까 선입견을 품지는 않았는데, 내가 그렇게 될 수도 있겠다는 생각은 하지 못했다. 어쨌거나 꿇기로 했으니까 일 년 후에 나보다 한 살 적은 친구들을 만나면 내게 언니 혹은 누나라 부르라고 할 생각은 없었다. 그냥 친구처럼 이름을 부르는 게 좋을 것 같았다. 나이 생각하지 않고, 그냥 같은 반이니까 자연스럽게.

쉴래에서의 일 년

별 깊은 고민 없이 쉬기로 결정하고 나자, 조금 감회가 새로웠다. 방학 때만 몇 주씩 머물렀던 우리 집, 내 방에서 앞으로 일 년간 매일매일 먹고 자게 된 것이다. 아주 편했다. 기숙사생활에서 받는 스트레스는 대부분 내 공간과 내 물건, 나 혼자 존재하고 싶은 시간을 남이 침입하고 방해한다고 느끼는 데서 왔다. 집에서 쉬기로 하고 몇 주간 아무것도 하지 않았다. 그저 먹고 자고 핸드폰을 하다가 밤낮이 바뀌어 아침에 잠들어선 오후에 일어났다. 학교 친구들은 모두 다른 지역에 살았기 때문에 심심하다고 만날 친구도 없었다. 나는 혼자였다.

얼마 되지 않아 엄마가 집 근처의 '쉴래'라는 학교를 소개해 줬다. 덴마크의 애프터스콜레를 참고해 만든 마을교육공동체였다. 나처럼 중학교를 졸업하고 일 년 쉬기로 한 친구들이나 학교 밖 청소년들을 위한 곳이고, 듣고 싶은 수업을 골라 들으면 된다고 했다. 일 년간 다녀보기에 괜찮은 것 같았다.

학교라기에 건물이라도 하나 있는 줄 알았는데, 아니었다. 내가 알던 학교의 방식과는 아주 색달랐다. 나와 비슷한 또래 친구 네 명은 어색한 첫 만남을 가진 후 우리가 듣고 싶은 수업과 우리가 들을 수 있는 수업을 맞춰갔다. 선생님들이 동네 곳곳에 있었기 때문에 우리도 곳곳으로 찾아다니며 수업을 들었다. 학교에 따로 고용된 선생님이 있는 게 아니었다. 상주에 살고 있는 쉴래 네트워크의 어른들 중에서 우리가 원하는 수업을 해주실 수 있는 분이 있으면 수업을 하기로 하고, 어디서 어떻게 할지는 직접 조율해가는 방식이었다.

상주 시내에 있던 전교조 사무실에서 자주 모이고 일주일에 몇 번 만화가 선생님에게 펜화를 배웠다. 볼링을 배우고, 탁구를 배우고, 당구도 배웠다. 자전거를 타고 40분 가야 하는 시민 운동장에서 농구를 배웠다. 시내에서 좀 떨어진 곳에 '환경학교'라고 폐교를 빌려 쓰는 공간이 있었는데, 시내에 살지 않는 선생님들을 거기서 만났다. 차로 가거나 버스를 타고 가야 했다. 버스가 자주 다니지 않았기 때문에 놓치면 끝장이었다. 머리부터 발끝까지 '간지'가 흘러넘치는 웹툰 작가 선생님에게 디지털 드로잉을 배웠는데, 그때 배운 포토샵을 줄곧 요긴하게 쓰고 있다. 캘리그라피를 배우며 물감칠도 하고, 손으로 꿰매고 뜨개질하는 법을 배우고, 피자를 만들고, '톰'에게 영어를 배웠다(톰이 아니라 꼭 톰~이라고 발음해야 한다). 나는 성실한 '유교 걸'은 아니었기 때문에, 나와 적어도 마흔 살은 차이 나는 톰 선생님과 때때로 가치관의 차이를 토론했다.

환경학교에서 하는 수업은 1층 강당에서 열렸는데, 우리가 수업을 하고 있을 때 2층에서는 다른 이들이 연극을 했다. 내 손뜨개 선생님이 배우로 참여하고 계셨다. 그들은 어디서나 볼 수 있는 동네 사람들 같았는데 연극을 했다. 잘했다. 나보다 한 살 어린 친구도 배우였다. 같이 해보지 않겠냐는 제안에 놀라서 도망쳐버렸지만, 어쩌다 그다음 극의 음향을 맡았다. 돈을 받고 하는 일이었다. 그 극단은 시내에서 몇 차례 공연을 했는데, 극이 진행되는 내내 집중해서 타이밍을 놓치지 않아야 했다. 내가 실수하면 극의 분위기가 깨졌다. 아주 무거운 책임감을 느낄 수 있었다.

우리는 다 함께 프로젝트를 하나 하게 됐다. 원두를 볶고 커피 내리는 법을 배워서 파는 것이었다. '백원장'이라고, 문 닫은 지 꽤 된 백원역이라는 기차역 앞 작은 공터에서 닷새마다 열리는 장이었다. 작은 규모였는데도 이것저것 파는 사람들이 많았고, 오는 사람들도 많았다. 나무를 이리저리 자르고 못 박고 색칠해 지붕 달린 좌판을 공터 한구석에 만들었다. 커피를 팔게 될 곳이었다. 우리가 자리 잡은 구석에는 은행나무가 서 있었다. 잎이 노랗게 물들고 나뭇잎이 다 떨어져 한겨울이 될 때까지, 장이 열릴 때마다 커피포트랑 물통, 버너와 그라인더 등등을 이고 지고 와서 열심히 커피를 팔았다. 어느 날은 손님에게 이게 커피냐고 한소리 듣기도 했다.

덜덜 떨며 커피를 팔아 모은 돈이 꽤 됐는데, 어떻게 쓸지 정해야 했다. 우리끼리 여행을 가자는 강력한 의견이 하나 있었고 나머지 학생들은 뭐든 좋다는 입장이었다. 학생뿐 아니라 행정 선생님, 학생들의 부모님, 곳곳에 계시는 선생님들도 쉴래의 운영에 참여했다. 돈을 여행에 쓰는 것이 마땅한지에 대해서는 조금 의견이 갈렸지만 결국 '너희 하고 싶은 거 해라'로 결론이 났고, 우리는 졸업여행을 풍족하게 다녀왔다.

마지막으로 졸업식 겸 발표회와 쉴래 입학설명회를 열었다. 입학설명회 당일에 모르는 어른들이 많이 와서 긴장했다. 일반 학교 친구들과 다른 점이 있는 것 같은지, 쉴래에서의 일 년이 어떤 영향을 얼마나 줬는지, 어려운 질문들에 열심히 답하기는 했지만 아직 머릿속으로도 알쏭달쏭한 것들은 말로 표현하기 어려웠다. 그래도 우리는 최선을 다해 '쉴래 좋다'고 응답했다.

졸업식은 간단한 공연을 하고, 그동안 만들었던 작품들을 전시하고, 다 같이 공동체놀이를 몇 차례 하는 것으로 끝냈다. 마지막으로 모든 쉴래 식구들과 함께 식사를 했다. 우리를 일 년간 가르쳐주었던 선생님들을 한자리에서 마주하니 예상치 못하게 감동적이었다(졸업하는 우리는 네 명이었는데 선생님과 부모님들은 서른 명 가까이 되었다).

쉴래를 통해서 많은 어른을 만났다. 그때까지 내가 만났던 어른들은 친구들의 엄마, 아빠이거나 학교 선생님이었는데 쉴래에서 만난 어른들은 둘 다이기도, 둘 다 아니기도 했다. 웹툰 작가부터 은퇴한 탐까지, 각자 몹시 다른 삶을 사는 사람들이었다. 나이도 다르고 하는 일도 다른 그들은 어떤 부분에서 모두 선생님이었다. 성심성의껏 자신이 할 수 있는 것을 가르쳐주는 선생님. 정말 놀랐던 건 모든 선생님이 수업을 재능기부로 해주신다는 거였다. 그 많은 어른들이 돈을 받지 않고 마음을 내고 시간을 내어 그저 호의로 매주 한두 번씩 수업을 해주셨다. 너무 신기했다. 나는 어른이 되었을 때 내가 가진 것을 나눠줄 수 있는 사람이 될 수 있을까. 그런 어른들을 만날 수 있었던 게 쉴래에서 얻을 수 있었던 가장 괜찮은 것 중 하나였다.

그다음

일 년 뒤 나는 고등학교를 가기로 했고, 기숙형 대안학교를 선택했다. 또 다시 기숙형 대안학교를 가기로 한 건 어쩔 수 없었기 때문이었다. 대안학교를 다니고 쉴래를 다니는 동안 배운 것들을 계속, 더 깊게 배우고 싶었다. 페미니즘이라든가 인문학을 제대로 배워보고 싶었는데 일반학교에서는 쉽지 않을 것 같았다(앞으로 그런 것들을 가르칠 의향도 별로 없어 보였다). 내가 배우고 싶은 것들을 어느 정도 만족시킬 수 있는 학교는 대안학교였고, 우리 집 근처에는 없었다. 눈물을 머금고 다시 기숙사로 향하는 수밖에.

새 학교에 가니까 나처럼 일 년을 다른 곳에서 보냈거나 이런저런 사정으로 열여덟 살에 고등학교에 들어온 친구들이 있었다. 나보다 세 살 많았지만 고등학교 3학년인 선배도 있었다. 별로 유난할 게 없었다. 우리는 친구처럼 지냈다. 같은 학년으로 사니까 언제 태어났는지와 상관없이 정말 친구처럼 느껴지고, 나와 동갑이지만 선배인 친구들은 정말 선배처럼 느껴졌다. 중요한 건 상황이고 경험이었다.

함께 입학하여 3년을 함께할 거라 믿었던 친구 중에서 다섯 명이 중간에 학교를 떠났다. 거의 다 대학입시를 준비하기 위해서였다. 급작스럽게 여럿이 떠나던 때에는 분위기가 가라앉고 다들 혼란스러워했다. 우리 학년 친구들뿐만 아니라 선배 또는 후배 중에도 떠나는 사람들은 늘 있었다. 하고 싶은 일이 생겨서 떠나고, 대학에 가려고 떠나고, 학교에 다니는 이유를 찾지 못해서 떠났다. 나 역시 친구들이 많이 떠나는 시기에는 학교를 다니는 것에 의문이 들기도 했다. 그러나 정말로 자퇴해야겠다는 생각은 하지 않았다. 내가 왜 여길 선택했는지 알고 있었기 때문이었다. 일 년간 쉬어보지 않고 바로 다시 기숙사형 대안학교를 다녔다면 자퇴의 물결에 휩쓸렸을 수도 있겠다는 생각이 든다.

초등학교, 중학교, 고등학교까지 온통 대안적 삶이었다. 내가 걸어온 길을 후회하지는 않았지만 가면 갈수록 두렵고 불안해졌다. 아무도 내게 '잘못하고 있다'거나 '대학을 가야 한다'거나 그런 말을 하지는 않았지만, 자꾸 무서워졌다. 뉴스에서는 맨날 아무리 스펙을 쌓아도 취업하지 못하는 명문대 학생들 이야기를 했다. 나는 절대다수가 가는 길에서 벗어나 살아온 내 삶의 결과를 전혀 확인할 수 없었다. 그러니까 일반학교 학생과 내가 다른 점이 뭔지 잘 모르겠는 것이다. 내가 공부 말고 잘

할 수 있는 것은 뭘까? 굶어죽지 않고 사회에서 살아갈 수 있는 능력이 있을까? 나만 불안한 건 아니었다. 고등학교에서 만난 친구들 거의 모두가 그런 생각을 하고 있었다. 자퇴가 연속적으로 일어나는 건, 우리가 불안하기 때문이었다.

우리만 그런 건 아닐 거다. 일반학교 친구들도 불안하기는 매한가지일 것이며, 좋은 대학을 간 학생 중에서도 불안한 사람은 많을 것이다. 급변하는 사회 속에서 모두가 불안해하고 있는 것 같다. 그래서 더 열심히 입시준비를 하고 열심히 살려고 애쓰는 것이다. 또한 진로 고민은 언제까지고 끝나지 않는다. 퇴직이 얼마 남지 않은 아빠가 내게 "퇴직 후 뭘 하면 좋을 것 같냐"고 물을 때 알았다. 어른들도 그렇다는 사실을.

'이렇게 해도 되네?'

02년생인 나는 '보통'으로 치면 대학교 2학년이거나 대학에 가기 위해 재수를 할 나이지만 이제 막 고등학교를 졸업했고, 수능도 안 봤다. 수능 당일에 출근한 엄마는 동료들에게 수능 응원 선물을 잔뜩 받았다며 사진을 보내왔다. 내 딸은 수능을 안 친다고 몇 번을 말해도 사람들이 못 들은 척 안겨주었다며. 사람들은 세상 모든 고3들이 수능에 응시하는 줄 알지만 나 말고도 고등학교 3학년 학생 중 10% 정도가 수능을 보지 않는다고 한다(찾아보니까 생각보다 많아서 조금 놀랐다). 그 10%의 고3들은 왜 잘 안 보이는 걸까?

나는 올해 대학에 가지 않기로 했다. 내년 혹은 그 이후에 대학에 가고 싶어지더라도 일반대학과 대안대학 중에 고민할 테고. 불안하나 후회하진 않는다. 나는 내 시간을 살았고 살아가고 있다. 어쩌면 내가 쉴래에서 가장 크게 깨달은 건 '이렇게 해도 되네?'일지 모르겠다. 조금 불안했지만 일 년 쉬어도 별문제가 없었고, 일 년 늦게 고등학교에 가도 별문제가 없었다. '제때'라는 것이 고정되어 있지 않다는 것도 알았다. 내가 쉴래를 선택했던 그때는 나 자신을 돌보고, 내가 하고 싶은 것을 살펴보고, 그다음을 향해 갈 준비를 하는 것이 내게 필요한 일이었다. 내게 필요한 것을 하는 그때가 '제때'다.

(vol. 139, 2022. 1-2)

꿈틀리인생학교, 옆을 볼 자유를 누리다

행복지수 1위인 나라

"덴마크는 어떻게 행복지수 세계 1위의 나라가 되었을까?"

이 질문을 품고 처음 덴마크에 간 것은 2013년 4월이었다. 젊은이들 사이에서 '헬조선'이라는 말이 점점 공감대를 얻어가고 있던 중이었다. 그때 나이 오십을 막 넘긴 나는 '어른'의 한 사람으로서 당혹스러웠다. 자괴감마저 들었다. 이 나라가 헬조선이라면, 그동안 우리가 이루어왔던 산업화와 민주화는 무엇

오연호 _ 오마이뉴스 대표이사. 덴마크 탐방 취재기인 『우리도 행복할 수 있을까』 『우리도 사랑할 수 있을까』 『삶을 위한 수업』을 펴냈다. 사단법인 '꿈틀리' 이사장으로, 꿈틀리인생학교와 섬마을인생학교를 운영하고 있다.

을 위한 것이었던가? 고층 아파트들이 여기저기 치솟고, 경제 규모가 세계 20위 안에 들고, 그 어느 나라보다 민주화운동이 치열했던 이 대한민국은 왜 지옥이 되어가고 있는가? 어른들은 세계에서 가장 긴 시간 노동을 하고, 학생들은 학교에서 밤 늦게까지 공부하는데, 왜 우리의 걱정과 불안 거리는 줄어들지 않는가?

그래서 나는 덴마크 사회가 부러웠다. "우리는 행복합니다"라고 자신 있게 말하는 그들이 부러웠다. 주관적 만족도뿐만 아니라 복지제도, 투명성 등 객관적으로도 '유엔 행복지수 조사'에서 1위를 하는 덴마크 사회의 비밀을 알고 싶었다. 나는 세 차례에 걸친 현지 취재를 포함해 1년 6개월 동안 덴마크 사회를 공부하고서 2014년 9월『우리도 행복할 수 있을까』라는 책을 펴냈다. 부제는 '행복지수 1위, 덴마크에서 새로운 길을 찾다'였다.

나는 그 책에서 덴마크 사람들을 행복하게 만드는 여섯 가지 요소를 추출했다. 그것은 자유, 평등, 신뢰, 안정, 이웃, 환경이었다. 이 여섯 가지를 다 섞어서 용해한다면 가장 밑바닥에 남은 것은 무엇일까? 그것은 '스스로 선택하니 즐겁다'였다. 그렇다면 이 질문이 또 꼬리를 문다. 덴마크 사람들은 어떤 과정을 통해 '스스로 선택하니 즐겁다'를 사회 문화로 정착시킬 수 있었을까?

세상에 공짜는 없다. 덴마크가 행복지수 세계 1위가 된 것은 그들이 150년 동안이나 씨앗을 뿌리고 가꿔왔기 때문이다. 그 씨앗은 교육에 있었다. 19세기 중반, 덴마크는 총체적 위기에 처해 있었다. 독일과의 전쟁에 패배해 국토의 3분의1을 잃은 직후였다. 덴마크의 실천적 사상가 그룬트비와 그의 동료들은 교육만이 살 길이라고 믿었다. '깨어 있는 시민'을 만드는 것이 나라를 다시 활기차게 만드는 유일한 길이라고 생각했다. 그래서 "죽은 교육을 버리고 살아 있는 교육을 하자"는 운동을 펼치면서, 청소년들을 위한 애프터스콜레, 그리고 시민대학 혹은 평민대학이라 불리는 폴케호이스콜레를 만든 것이 오늘날의 행복사회를 꽃피운 씨앗들이었다.

덴마크를 취재하며 행복사회의 비밀이 교육에 있다는 사실을 확인한 것은 적잖이 당혹스러운 일이었다. 처음엔 막연히 그 비밀이 정치에 있을 거라 가정하고 있었기 때문이다. 1988년 기자생활을 시작한 후 주로 정치 현장을 취재했고, 5년마다 누가 대통령이 될 것인가에 큰 관심을 가질 수밖에 없었던 나는 사회혁신의 처음과 끝이 정치에 있다는 선입견을 강하게 가지고 있었다.

그런데 덴마크에서 행복사회의 비밀을 파고들수록 나는 그 뿌리가 교육에 있다는 사실을 알게 되었다. 그래서 그룬트비정신에 의해 세워진 최초의 학교를 찾아갔을 때는 행복사회의 자궁 속으로 들어가는 기분이었다. 당시 덴마크 사회에서 '대안학교'로 출발한 이 학교는 '살아 있는 교육' '삶을 위한 교육' '평민을 위한 교육'을 표방했는데, 이 가치는 이후 덴마크 교육의 주된 철학으로 자리 잡게 된다. 그 핵심 가치를 세 단어로 요약하면 이것이다. 스스로, 더불어, 즐겁게.

한국형 애프터스콜레가 필요하다

그 내용을 담아 『우리도 행복할 수 있을까』를 냈더니 가장 뜨거운 반응을 보인 곳은 역시 교육계였다. 책을 낸 후 2년간 540차례의 강연을 했는데 그중 80퍼센트는 중고등학교였다. 대상은 중학생, 고등학생, 교사, 교장, 장학사 등 다양했다. 학생은 학생대로, 선생님은 선생님대로 행복한 인생을 만들어내는 덴마크 교육을 부러워했다. 8학년까지 시험도 등수도 없고, 성적 우수상 자체가 없다고? 시험을 보더라도 시험 문제를 학생 스스로 낸다고? 중학교 2학년이 되면 학생이 학교운영위원회의 정식 구성원이 된다고?

부러운 구석이 한둘이 아니었다. 그런데 강연장에서 만난 청중들이나 책을 읽고 독후감을 보내온 독자들이 덴마크의 교육제도 가운데 가장 부러워하는 것은 애프터스콜레 시스템이었다. 애프터스콜레는 중등 졸업생들이 바로 고등학교로 진학하지 않고 일 년간 '쉼의 시간'을 가지면서 자신의 인생을 설계하는 기숙형 학교다. 덴마크에는 이런 애프터스콜레가 250개나 된다. 스포츠, 음악, 건축, 여행으로 특화된 학교도 있고, 공부와 취미를 적절히 배합하는 학교도 있다.

많은 학생들이 선택의 자유를 누리면서 애프터스콜레에 진학해 일 년 동안 하고 싶은 것을 실컷 하면서 '인생은 즐겁다'는 사실을 체득하게 된다. 부모와 집을 떠나 기숙형 학교에서 또래 친구들과 살기 때문에 독립심과 사회성을 기를 수 있다. 무엇보다 중요한 것은 이 기간 동안 민주시민으로서의 자질을 기르며 '내가 행복하려면 우리가 행복해야 한다'는 진리를 터득한다는 사실이다.

물론 덴마크의 모든 중학교 졸업생들이 애프터스콜레에 가는 것은 아니다. 약 25퍼센트 정도의 학생들이 이곳을 선택한다. 애프터스콜레는 이 학생들에게 '옆을 볼 자유'를 준다. 특히 다음과 같은 세 가지의 '괜찮아'를 선물한다.

쉬었다 가도 괜찮아,

다른 길로 가도 괜찮아,

잘하지 않아도 괜찮아.

한국의 고등학생 한 명이 덴마크 애프터스콜레 이야기를 접하고 독후감에 이렇게 적었다. "우리나라 학생들은 경주마인데, 덴마크 학생들은 야생마 같다."

그러나 어찌 부러워하고 한탄만 하고 있을 것인가? 부러우면 우리 안에 덴마크를 만들면 되지 않겠는가? 우리도 꿈틀거려보자! 그렇게 해서 한국에 애프터스콜레 만들기 운동이 시작됐다. 내가 대표로 있는 오마이뉴스는 2015년 두 차례에 걸쳐 '인생학교를 만듭시다' '중등 졸업생에게 옆을 볼 자유를 허하라'를 내걸고 포럼을 열었다. 반응은 뜨거웠다. 평일 낮에 열린 포럼인데도 1백여 명이 모였다.

나는 확신이 들었다. '한국에도 애프터스콜레에 대한 열망과 수요는 충분하구나.' 그러나 나는 교육에 문외한이었다. 그래서 평생을 학교 현장에서 몸 바쳐온 정승관 전 풀무농업고등기술학교 교장선생님께 도움을 청해 인생학교 설립 준비위원회를 만들었다. 정승관 선생님과 나는 수 개월간 준비 회의를 거듭했다. 내 마음이 약해질 때마다 정승관 선생님은 "해봅시다"라며 격려했다.

대한민국 최초의 애프터스콜레를 만들기 위해서는 법적 운영 주체가 필요했다. 그래서 '사단법인 꿈틀리'를 만들어 내가 이사장을 맡고 그동안 오마이뉴스의 시민기자학교로 운영하고 있던 강화도 캠퍼스를 임대해 '꿈틀리인생학교'를 만들었다. 정승관 선생님이 초대교장을 맡아주셨다. 2016년 2월, 개교식 겸 첫 입학식을 했는데 정원 서른 명이 다 찼다. 중학교 3학년을 마치고 온 학생이 스물두 명, 고등학교 1학년을 마치고 온

학생이 여덟 명이었다. 비록 적은 숫자이긴 하지만, 이제 대한
민국 학생들도 앞만 보고 달려가는 것이 아니라 옆을 보며 천
천히 갈 수 있는 기회를 갖게 된 것이다.

더 많은 '옆을 볼 자유'를 꿈꾸며

꿈틀리인생학교의 프로그램은 크게 '농사', '민주시민교육',
'프로젝트 활동'으로 나뉜다. '농사' 프로그램은 실제 농사일을
통해 노동의 가치와 자연의 섭리를 느끼는 과정이다. '민주시
민교육'은 중요한 역사적 사건이나 현재의 이슈에 대한 특강,
학생들의 주제 발표와 토론으로 진행된다. '프로젝트 활동'은
개인, 팀, 종합 프로젝트로 나눠서 진행되는데, 주제는 '자기 마
음대로'다. 정말 일 년 동안 자신이 탐구하고 싶은 주제로 기획
을 해본다. 양봉을 하는 친구도 있고, 크라우드 펀딩을 통해 학
교를 돕는 친구도 있고, 버려진 공간을 색다른 공간으로 살려
내기도 한다. 그밖에 외국어 학습, 역사 특강, 몸 놀이, 동아리
활동 등 학생들이 원하는 프로그램을 할 때도 있다.

꿈틀리인생학교는 이제 2022년에 7기 입학생이 들어온다.
그동안 약 150명이 이 학교를 졸업했다. 한 학생이 졸업식에서
"웃음을 잃었던 내가 웃음을 되찾기 시작했다"고 말했듯이 이
곳에서 일 년을 지내며 적지 않은 변화를 경험한다. 앞으로 이

런 인생학교가 더 많이 생겨나 우리 아이들이 여러 인생학교 중에 자신에게 맞는 학교를 선택해 '옆을 볼 자유'를 마음껏 누렸으면 좋겠다. 물론 꿈틀리인생학교에서의 일 년이 그동안 쉼 없이 경주마로 달려온 아이들의 상처를 다 치유해줄 수는 없을 것이다. 이 일 년이 그들의 미래를 다 책임져주는 것도 아니다. 그래도 그들은 여기에서 매우 소중한 자산을 쌓아가고 있다. 자신의 인생을 스스로 설계해가는 힘.

꿈틀리인생학교 실험을 바탕으로 2019년에는 전남 신안군 도초도에 섬마을인생학교가 만들어졌다. 어른과 가족을 위한 인생학교인데, 2박 3일에서 1주일까지 머물면서 재충전을 하고 인생을 설계하는 시간을 갖는다. 지난 3년간 약 3천 명의 성인들이 이곳을 다녀갔다. 이 학교의 모토는 '인생은 내내 성장기다. 내 안에 또 다른 내가 있다'이다.

꿈틀리인생학교와 섬마을인생학교의 실험이 우리 사회에서 '어떤 삶을 살 것인가, 어떤 교육을 할 것인가'를 이야기할 때 하나의 작은 등대가 되었으면 좋겠다.

(vol. 107, 2016. 9-10)

한국형 폴케호이스콜레,
자유학교 문을 열다

2018년 1월 5일 막 어둠이 내린 깜깜한 저녁, 내가 살고 있는 경남 거창에서 여섯 시간 넘게 이동한 끝에 강화도 불은면 꿈틀리인생학교에 도착했다. 다음 날 점심 무렵이면 다시 돌아가야 하는데도 이 먼 길을 감행한 이유는, 덴마크에서 함께 공부했던 친구들이 만든 한국형 폴케호이스콜레인 자유학교 1기의 졸업식을 보기 위해서였다. 버스를 타고 강화대교를 건널 때도, 택시를 타고 바깥 풍경이 하나도 보이지 않는 어둠 속을 달

정혜선 _ 실상사작은학교 영어교사로 일했고 2016년 덴마크 세계시민학교에서 공부했다. 기후위기, 세계시민교육, 퍼머컬처 등을 주제로 사람들을 만나고 있는 활동가이다. 『1.5 그레타 툰베리와 함께』 『서로를 살리는 기후위기 교육』의 공저자로 참여했다.

릴 때도 내내 궁금했다. 나는 과연 오늘 밤 무엇을 보게 될까.

"우리 진짜 많이 친해졌어." 졸업식 이틀 전에 했던 통화에서 자유학교를 진행하고 있던 친구는 이렇게 말했다. 나는 그들의 마지막 저녁식사를, 파티를, 졸업식을, 별빛 아래서의 캠프파이어를 보았다. 친구의 말대로 그들은 진짜 많이 친해져 있었다. 나는 생각했다. 내 친구들이 11박 12일 동안 진행한 자유학교 1기는 폴케호이스콜레(덴마크 시민학교)가 맞다. 그들은 하고자 했던 일을 제대로 해낸 것이다. 어떻게 그것이 가능할 수 있었는지 현장에 없었던 나는 모른다. 다만 확실한 것은 그날 밤 학교 전체에 떠돌고 있던 공기 속에 덴마크 시민학교의 정신이 있었다는 것이다. 그건 말로 설명할 수 있는 것이 아니다. 그럼에도 왜 그렇게 말할 수 있냐고 묻는다면 이렇게 답할 수 있다. 덴마크에서도 그랬다고.

그들에겐 무슨 일이 있었던 걸까

2016년 11월 말 나는 덴마크시민학교에 다니던 한국 친구들과 함께 코펜하겐에 있는 덴마크 폴케호이스콜레연합회를 찾아갔다. 우리는 한국에 새로운 학교를 만들고 싶었고, 멀리 덴마크까지 온 이상 어떻게든 최대한의 지혜를 얻어가고 싶었다. 폴케호이스콜레연합회의 수석고문으로 일하고 있는 교사 출신의 토르 니엘슨 씨는 외국인들에게 폴케호이스콜레를 설명하는 문서를 보여주었다. 그 문서의 앞부분에 이런 질문이 있었다. '덴마크 시민학교란 무엇인가?' 그 대답은 이랬다. '누군가는 그것이 사랑과 같다고 합니다. 경험되어지는 어떤 것이에요. 설명할 수 있는 것이 아닙니다.'

2016년 1월, 나는 덴마크의 세계시민학교인 IPC^{International People's College}로 갔다. 지리산에 있는 대안학교인 실상사작은학교 영어교사를 그만둔 직후였다. 학교를 그만둔 이유는 16년간 한국의 공교육만을 받고 자라온 내가 대안교육이 뭔지 알고 있다는 느낌이 들지 않았기 때문이다. 대안교육을 시작한 지 100년도 넘은 나라에 가서 학생으로 있어보면 그게 뭔지 조금은 알 수 있을지도 모른다는 생각이 들었다. 사실 학교를 떠난 더 큰 이유는, 내가 대안학교 교사를 할 자격도 실력도 없는 것 같았기 때문이다.

그곳에서 일 년을 보내고, 돌아온 지 또 일 년이 지난 지금의 내 생각은 이렇다. 교사의 자격이란 선생으로 계속 살고 싶은 마음이며, 교사의 실력이란 자기 삶을 자신의 색깔대로 밀고 나갈 수 있는 힘이라고. 내가 가까이서 부대끼며 지냈던 덴마크 시민학교의 교사들도 나처럼 서투르고 부족하고 여릴 때가 있었다. 어려운 일이 생기면 눈빛이 흔들리는 우리와 똑같은 사람들이었다. 그들도 자기가 맡은 학생이 기숙사에서 아침에 일어나지 못해 청소시간에 빠지고 수업시간에 빠지는 걸 어떻게 해야 할지 고민이 많았다. 기숙사로 학생을 직접 깨우러 갈지, 아니면 친한 친구를 보내는 게 나을지 갈등했다.

그들은 삶의 거의 모든 면에서 국가 시스템의 든든한 지원을 받았다. 그래서 시민학교 교사를 하면서도, 자신만의 색깔로 자유로운 삶을 살아갈 수 있었다. 그들은 모두 달랐고 개성이 넘쳤다. 결혼을 하지 않아도 아기를 낳았고, 성적 지향을 숨기지 않았으며, 양말을 짝짝이로 신고 다녀도 학생들의 넘치는 사랑을 받았다. 학생인 나는 그 틀에 박히지 않은 자유로운 교사들 속에서 마음껏 내 자신이 될 수 있었다.

나는 IPC에서 일 년을 보냈는데, 시민학교에서 머무른 것 치고는 꽤 긴 시간이었다. 덴마크에서는 17.5세 이상이 되는 성인은 누구나 자기가 선택한 기간과 프로그램에 따라 최소 몇 주에서 최대 일 년 정도까지 시민학교에서 공부할 수 있다. 대부분의 학생들은 3개월에서 6개월 정도 지내다 가는 것이 보통이다. 다 함께 하루 세 끼 밥을 먹으며 기숙사 생활을 하기 때문에, 헤어질 때면 학교는 눈물바다가 된다. 나는 일 년간 시민학교에 살면서 무수히 많은 친구들을 만나고 떠나보냈기에 헤어지는 날의 공기가 어떤 것인지 잘 알았다. 그런 공기의 밀도를 짧은 자유학교 1기의 졸업식에서도 느꼈다. 과연 11박 12일 동안 무슨 일이 있었던 것일까.

그들의 11박 12일

자유학교 1기를 만든 여섯 명의 퍼실리테이터[1]들은 각자 생업을 갖고 자신의 삶을 꾸려가는 사람들이다. 이들은 일주일에 한 번 정도 만나서 회의를 하고 일을 진행한다. 덴마크에 다녀온 사람들과 그렇지 않은 사람들이 섞여 있다. 연령대도 20대에서 50대까지 다양하다.

졸업식 다음 날 짐을 싸서 떠날 준비를 끝낸 한 중년의 참가자가 자유학교를 진행했던 퍼실리테이터들과 나누는 이야기를 들었다. 그는 학교 부지를 찾고 있었다. 자유학교는 아직 정해진 장소가 없어서 덴마크와 인연이 있는 꿈틀리인생학교를 11박 12일 동안 임대해서 사용했다. 그 참가자는 학교 건물을 친환경적인 건축 워크숍 같은 방식을 통해 지어보면 어떨까 하는 이야기를 편안하게 했다. 여러 가지 경험이 풍부한 사람인 것 같았다. 이처럼 자유학교 1기에는 다양한 삶의 이력을 가진 20대에서 50대까지의 사람들 20여 명이 참여했다. 덴마크 시민학교 학생 중에는 10대 후반, 20대 초반이 압도적으로 많고 30대 이상이 소수 있었던 것과 확연히 달랐다. 우리 사회에서 쉼이 필요한 나이는 30대나 40대이기 때문인지도 모르겠다.

---

1 '촉진자'라는 뜻으로, 자유학교 진행자들은 자신들을 교사 또는 선생님이라 칭하지 않고 이렇게 불렀다. 덴마크 시민학교와 다른 점이었다.

11박 12일이라는 기간 동안 특별한 프로그램이 있었던 건 아니다. 같이 밥을 먹고 잠을 자고, 당번을 정해서 설거지를 하고 청소를 하고 매일 아침 함께 모여 노래를 부르며 하루를 시작했다. 그리고 퍼실리테이터들이 준비한 수업을 들었다. 모두가 들어야 하는 수업도 있었고, 선택해서 듣는 수업도 있었다. 춤을 추며 서로의 감각을 깨우고 연결하는 수업도 있었고, 자신이 살아온 삶의 이야기를 나누는 수업도 있었다. 서로가 가진 재능을 나누기도 했고 각자 미션을 정해 자유학교 기간 동안 수행하기도 했다. 강사를 초청해 이야기를 듣는 시간도 있었다. 저녁이면 안방 같은 커먼룸common room에 함께 모여 수다를 떨거나 노래를 부르고 춤을 추기도 했다.

덴마크 시민학교의 꽃은 긴장을 풀고 즐기는 파티에서 피어난다. 작년 11월 서울에서 자유학교 설명회가 열렸을 때 퍼실리테이터들은 자신들이 준비한 이런 프로그램을 사람들에게 소개했다. 그리고 내 기억에 그 프로그램들은 사람들에게 신선하게 다가가지 못했다. 참석자 중 누군가는 이런 질문을 했다. "이 학교가 아니어도 내가 여기저기 다니며 다 할 수 있는 것 아닌가요?" 그렇게 생각할 수 있다. 그런데 덴마크의 시민학교 프로그램도 저것들과 크게 다르지 않다. 별 특별한 것 없이 함께 먹고 자고 일하고 이야기 나누고 춤추고 노는 가운데 150년이 넘은 시민학교만의 마법이 생겨난다.

자유학교의 한 참가자는 자신의 SNS에 이런 후기를 남겼다. "이 사람들과는 함께 살 수 있을 것 같다." 이건 내가 일 년간의 덴마크 시민학교 생활을 마치고 한국에 돌아올 무렵, 그곳에서 같이 공부했던 한국 친구들을 보며 했던 생각과 같았다. 이 친구들이라면 함께 살 수 있을 것 같았고, 함께 일할 수 있을 것 같았다. 특별히 좋은 사람들이라서가 아니라, 이 친구들이라면 의견이 달라도 그대로 인정하며 함께 맞추어나갈 수 있을 것 같았기 때문이다.

어려운 상황이나 급한 상황에서 나약하고 부족한 모습이 터져 나왔지만 그래도 우리는 타지에서 서로 의지하며 살아야 했기에, 서로를 받아들이며 함께하는 것을 배웠다. 당연히 그 과정은 쉽지 않았고, 나중에 한국에 돌아오고 나서야 나는 그것이 덴마크 시민학교의 핵심이라는 것을 알았다. '타인과 서로 다른 것을 인정하고 존중하면서 함께 의지하고 살아가는 것' 말이다. 덴마크 시민학교에서는 지금보다 더 나은 내가 되라고 가르치지 않았다. 다만 부족한 자신의 모습 그대로를 존중하면서, 다른 사람이 의지할 수 있는 사람이 되라고 가르쳤다.

나와 친구들이 덴마크에서 몇 달 내지 일 년에 걸쳐 이룬 일이 자유학교에서는 어떻게 11박 12일 만에 가능했을까. 확실한 것은 11박 12일은 많은 것을 이룰 수 있는 가능성의 시간이라는 것이다. 이곳에는 한국인으로써 외국어로 생존해야 했던 덴마크 시민학교에서는 느낄 수 없었던 무언가가 있었다. 그것은 모국어로 이야기하는 것에서 오는 깊고 짙은 소통의 힘이었다. 나는 한국에서 계속 살아가야 하는 우리가, 멀리 덴마크까지 가지 않고도 한국에서 이 힘을 경험할 수 있었으면 좋겠다. 우리가 학교에서 만난 사람들과 서로를 믿고 의지하며 같이 살 수 있다고 느낀다면, 더 크게 연결되었을 때 이 세상 또한 그리 되리라 믿기 때문이다.

무엇을 배웠는지 잘 모를지라도

우리가 방문했던 덴마크 폴케호이스콜레연합회에서 보았던 문서에는 '시민학교에서 얻어가는 것은 무엇인가'라는 항목이 있었다. 그 답은 철저히 학생들의 대답에 기초한 것이었다. 하고 싶은 일이나 공부를 발견한 것, 삶을 바라보는 시야가 넓어진 것들도 배움의 결과로 꼽혔지만, 그들에게서 가장 먼저 나온 대답은 '친구'였다.

지금의 나 역시 그렇게 대답하고 싶다. 덴마크에서 다시 한국에 돌아온 이후의 삶은 쉽지 않았다. 거의 일 년 동안은 몸과 마음이 전국을 떠돌며 방황했다. 아프기도 많이 아팠다. 삶을 전환하기 위해 덴마크로 떠났으나 그곳에서 평생 살 수 있는 건 아니었기에, 전환을 위한 본격적인 여정은 한국에 돌아온 이후에 시작되었다. 새로운 세상을 보고 온 만큼 새로운 형태와 빛깔의 삶을 개척해나가고 싶었다. 기존에 짜인 틀을 벗어난 삶을 실험해보고 싶었다. 그러자면 큰 용기가 필요했다. 그때 힘이 되어준 것이 덴마크에서 함께 살았던 친구들이었다. 덴마크에서 나는 평생 잊지 못할 선생님들을 만났지만 그들은 내게서 너무나 멀리 있었다. 그 선생님들이 내가 한국 사회에서 느끼는 좌절과 답답함의 깊이에 공감할 수 있다고 느껴지지도 않았다.

나는 친구들에게 내가 한국에서 펼쳐보고 싶은 것들에 대해서 이야기했고, 친구들은 그런 나를 지지해주었다. 나는 알고 있다. 혹여 내가 벌이는 일이 쫄딱 망할지라도 그들이 나를 인생의 실패자로 여기지 않을 거라는 걸. 이제 막 시작한 한국의 자유학교를 뭐라 설명할 길 없지만, 토르 니엘슨 씨의 이야기를 떠올려본다. 그의 옛 제자들은 시민학교를 떠난 후에도 종종 학교를 찾아오곤 했는데, 시민학교에서 무엇을 배운 것 같으냐고 물으면 이렇게 대답했다고 한다. "잘 모르겠어요, 뭘 배웠는지. 그런데 확실한 건요. 이 경험을 잊을 수 없을 거란 사실이에요."

(vol. 116, 2018. 3-4)

또 하나의 상상, 자전거학교
그리고 바이쿱

자전거가 불러일으키는 상상력

나는 자전거가 좋다. 내가 자전거를 적극적으로 타기 시작한 건 한 5년 전쯤이다. 집에서 사무실까지 약 30km 거리를 아침햇살 가르며 달려서 출근하는 아침이 가장 상쾌하다. 주말엔 되도록이면 자전거 페달을 밟아 내가 사는 동네 구석구석을 기웃거리다가 어느 구석진 그늘에 자리 잡고 앉아 캔 맥주 마시며 책을 읽는 게 행복한 일상이다.

이치열 _ 충북 제천에 귀농해 텃밭을 일구면서 마을공동체교육과 대안교육, 전환기 교육 관련한 일에도 힘을 보태고 있다. 이 글은 대안교육연대 사무국장으로 일하던 시절에 쓴 것이다.

내가 자전거에 중독 증상을 보이는 이유는 내 몸으로 만들어 낸 스스로의 동력으로 어디든 가고 싶은 곳으로 이동할 수 있다는 매력 때문이다. 길 위를 달리며 길과 길의 마주침과 펼쳐짐으로 만들어지는 세상이 얼마나 드넓은지, 그 세상에 온갖 생물과 무생물이 어우러져 자연과 도시와 마을과 집들이 오밀조밀하게 연결되어 관계를 맺고 살아간다는 성찰에 이르게 되는 경외감 또한 자전거에 흠뻑 빠져버린 이유이기도 하다.

작고하신 권정생 선생이 "자동차를 버려야 이라크 파병도 안 할 수 있다"고 하셨는데, 전적으로 동의한다. 이반 일리치가 말했듯이 '공생의 도구'인 자전거는 생태적 위기의 시대에 화석에너지의 대안이자 우리 삶을 근본적으로 재구성하는 매개 역할을 할 수 있다. 이제 자전거는 단순히 건강과 여가, 교통 문제의 해결 수단을 넘어 대안적인 삶의 아이콘 같은 존재가 되었다.

자전거를 가지고 뭐 재미있는 걸 좀 해볼 수 없을까? 이게 요즘 나의 관심사다. 그러다가 얼마 전부터 자전거를 주제로 하는 배움터, 자전거를 주제로 하는 삶터를 재밌게 일궈보면 어떨지 상상력이 발동하기 시작했다. 더군다나 요즘 대안교육 판에 청소년 이후의 진로(삶) 문제가 화두가 되어 여러 논의들이 진행 중인 터라, 거기다가 이런 상상도 하나 보태보면 어떨까 싶기도 해서 이참에 공상소설 수준의 이야기를 한번 펼쳐보려고 한다.

요지는 이런 거다. 대안적인 진로 모색이라고 한다면 두 가지 정도의 고려가 필요한데, 하나는 대안적인 가치 철학을 지향하는 전문적인 배움터이고, 다른 하나는 자신의 가치를 현실적으로 펼쳐나갈 수 있는 대안적인 삶터다. 물론 이 둘은 따로따로일 수도 있지만 서로 연결되어 있거나 통합적이라면 더욱 좋을 게다. 대안적인 가치를 담는 특정 전문 분야에 몰입하여 열심히 공부하고 그 분야의 전문가로 성장할 수 있는 길을 찾아가는 배움터 그리고 그 배움으로 좀 더 나은 세상을 일궈가는 데 기여하면서 생계 문제도 자연스레 해결하는, 배움과 삶이 함께 어우러진 대안적인 아지트를 하나 구상해보고 싶다. 그런 재밌는 상상을 자전거로 풀어보고자 한다.

자전거 전공부 '자전거학교'

자전거학교는 2년제로 운영된다. 입학 자격은 자전거와 함께 세상을 좀 더 좋게 만드는 삶을 재미있게 꾸려가고 싶은 19세 이상 청년(성인)이면 된다(중등 아이들을 대상으로 한 1년 과정의 학교도 가능하겠지만 여기서는 일단 전공부 형태로 구상해본다). 교사들은 오랫동안 국내에서 자전거 개발자 혹은 정비기술자로 일해온 장인, UBI^United Bicycle Institute나 BBI^Barnett's Bicycle Institute 등에서 최첨단 이론과 기술을 익혀온 유학파, 자전거로 세계 일주여행을 다녀온 대안학교 교사, '발바리'(두 발과 두 바퀴로 다니는 떼거리라는 뜻의 자전거 모임) 활동가, 자전거 메신저, 생태철학 연구자로 살다가 최근 자전거에 푹 빠져 있는 인문학자 등 다양한 전문가들로 구성되어 있으며 그 의욕 또한 대단하다. 공간은 자전거학교와 자전거공방을 겸한 최소한의 규모로 유지하면서 각 장인들의 작업장과 유관 네트워크의 세미나실 등을 활용하는 등 연구개발, 정비에 필요한 장비를 제외하고는 하드웨어에 에너지를 투여하지 않는, 가능한 한 가볍게 운영하는 것을 원칙으로 한다. '학교'라는 명칭을 쓰긴 하지만 학교 같지 않은 학교, 유연한 배움터인 것이다. 학비는 바이쿱(자전거협동조합)에서 일하면서 학생들 스스로 조달할 수 있게 한다.

자전거학교의 배움거리는 크게 '자전거 엔지니어링'과 '자전거 인문학' 그리고 '자전거 여행'으로 구성된다. 먼저 자전거 엔지니어링 분야를 보자. 자전거의 구조는 간단해 보이지만 생각보다 꽤 복잡하다. 역학의 기초인 물리학은 기본이고, 역학을 해석하기 위해서는 수학이 필요하다. 더구나 시뮬레이션을 주로 하는 디자인 부분에서는 수준 높은 수학이 요구되기도 한다. 자전거 관련 학문들은 기계공학이 많은 비중을 차지한다. 예를 들어 재료역학, 구조역학, 유체역학, 운동역학 등의 기계공학 분야와 소재공학, 재료공학 등 재료 및 금속공학 분야가 있다. 그 밖에도 윤활유, 타이어 등 화학공학 분야, 인체 적합성 여부를 보는 인간공학 분야, 디자인을 위한 공업디자인 분야 등 많은 학문들의 결합체라고 볼 수 있다. 물론 영어와 일어로 된 교재들이 많아 외국어 실력도 어느 정도 갖춰야 한다. 따로 외국어 강좌를 개설하지는 않기 때문에 학생들은 별도의 스터디 모임을 만들어서 부족한 외국어 실력을 쌓는다.

이론적인 것만 배우는 건 아니다. 자전거 제작의 3대 핵심 기술은 프레임Frame building과 휠셋Wheel building, 크랭크셋Driving gear building을 만드는 기술이다. 또 실제로 자전거를 정비하는 것은 기본이고 제작 개발하는 능력을 쌓기 위해서는 CAD, 용접, 도색 등 다양한 기능을 익혀야 한다. 이러한 과정을 통해 부지런히 구슬땀을 흘린 결과로 자전거 분야 장인Mechanic으로의 기본 자질을 갖추게 되는 것이다. 독일의 프레임 개발자들과 미국의 UBI, 일본의 체루빔(3대를 이어오는 자전거 장인 코노의 작업장) 등과 교류를 통해 공동 워크숍을 정기적으로 열고, 교환학생도 서로 파견한다.

자전거 인문학 분야는 생태철학과 글쓰기 공부를 기본으로 하면서 자전거와 관련한 다양한 소설, 영화, 여행기 등 인문학을 공부한다. 영화 〈자전거 도둑(들)〉(Ladri di biciclette, 1948)을 보면서 여전히 사회적 약자의 지친 두 발을 표상하는 자전거, 사회적 관계 속에서의 존재적 한계 그리고 오늘날에도 여전히 존재하는 자전거 도난 등의 문제를 사유한다.

사실 자전거는 인문학적 문화예술적 상상력의 보고이다. 예를 들어, 파블로 피카소의 〈황소 머리〉(Bull's Head, 1943)와 마르셀 뒤샹의 〈자전거 바퀴〉(Bicycle Wheel, 1963)를 보자. 자전거 핸들과 안장의 절묘한 조합으로 황소 얼굴을 뽑아낸 피카소의 상상력, 자전거 자체의 탐미성에 주목하여 전진하는 두 바퀴의 인간 동력에서 기능주의 이상의 아름다움을 읽은 뒤샹의 전복적 상상력은 자전거를 소재로 한 미학이 현대미술의 중요한 장르가 됨을 보여준다. 자전거를 소재로 하는 공공설치 미술, 퍼포먼스, 몇 년 전 신선한 충격을 주었던 〈달려라 자전거〉라는 이름의 자전거 콘서트 등 자전거가 주는 친근한 일상성과 대안적으로 일상을 재구성하는 혁명성은 문화예술적인 소재로서도 무궁무진한 가능성을 엿보게 한다.

또 자전거 생태도시공학이라는 영역도 중요한 공부 분야일 수밖에 없다. 예를 들어, 보행자와 자전거를 중심으로 교통체계를 재구성한 네덜란드의 델프트나 암스테르담, 벨리브(Veliv, 공공 공용자전거 체계)의 도시 파리 등이 보여주듯 자전거는 교통체계의 단순한 변화를 넘어서 우리의 삶이 생태적으로 재구성될 수 있음을 확인하게 해준다.

자전거 생태음악회를 한번 상상해보자. 자전거를 주제로 한 곡만을 연주하는 음악회다. 무대와 공연장 주변엔 아이 웨이웨

좌에서 우로, 가브리엘 오로즈코 〈자전거 네 대〉(Four Bicycles 1994), 아이 웨이웨이 〈영원한 자전거〉
(Forever Bicycle 2003), 파블로 피카소 〈황소 머리〉(Bull's Head 1943), 마르셀 뒤샹 〈자전거 바퀴〉(Bicycle
Wheel 1963년 촬영 사진). [출처] 반이정 블로그 〈미술평론〉

이의 〈영원한 자전거〉(Forever Bicycle, 2003)나 가브리엘 오로즈
코의 〈자전거 네 대〉(Four Bicycles, 1994)를 연상케 하는 자전거
를 소재로 만들어진 조형물이 군데군데 설치된다. 자전거를 타
고 오지 않은 관람객은 입장이 제한된다. 무대의 조명과 음향
은 오전부터 충전한 태양광 발전기와 풍력발전기 그리고 자전
거 페달을 밟아 생산한 전기로만 작동된다. 공연 중에도 참가
자들은 공연을 보면서 조명 불빛과 음향의 출력을 유지하는데
한 몫을 담당해야 하기에 돌아가며 즐겁게 페달을 밟는다. 이
따금 조명이 어두워지거나 앰프의 출력이 떨어지면 주최 측에
불만을 얘기하는 게 아니라 페달을 열심히 밟지 않은 동료 관
객들을 향해 야유를 쏟는다. 재밌지 않은가? 우리가 상상하는
자전거 문화예술의 단면은 이런 거다. 이런 것들을 기획하고
실행하는 것이 자전거학교의 공부 방식이다.

다음은 자전거 여행이다. 해마다 1개월에서 3개월씩 유럽에선 '생태, 평화, 공동체' 등을 주제로 '에코토피아 바이크투어'가 열린다. 화석연료를 사용하지 않는 것은 물론 여행하는 이들이 자발적으로 돌아가며 주최국을 정하고 그 해의 핵심주제(2011년 주제는 '기후 정의')를 선정한다. 낮에는 약 50km 내외의 거리를 자전거로 달리고 저녁에는 세미나, 토론회, 문화제, 놀이 등 다양한 교류의 장을 만들어 서로 소통하고 문화적인 향유를 나눈다. 식사는 채식을 기본으로 하고 주로 그 지역의 토종 유기농 식재료를 사용하여 당번을 정해 직접 조리해 먹는다. 물론 참가비는 최소한의 실비(권장 1일 참가비는 자기 월수입의 1%)를 내며, 행사 기간 동안의 숙식은 공동체적으로 함께 해결한다. 이 행사에 참여하는 것만으로도 엄청난 배움과 연대의 경험을 쌓을 수 있지 않을까?

자전거학교의 학생들은 누구나 한 번은 이 행사에 참여해야 수료가 가능하며 스스로 노동을 통해 여비를 마련해야 한다. 에코토피아 바이크투어를 작은 규모로 국내에서 추진하려 했던 사례들이 있었는데 썩 잘 되지는 못했다. 주체의 역량부족이었다. 자전거학교가 주체가 되어 한국형 에코토피아 행사도 한번 실행해 봄직하다. 더 나아가 에코토피아 바이크투어 행사를 한국에서 유치해보는 벅찬 상상도 한번 해보자. 이런 꿈 같은 행사가 아니어도 우리가 살고 있는 산천 곳곳을 내가 밟는 자전거 페달의 동력으로, 내가 스스로 계획한 코스로 여행하는 경험은 매우 의미 있는 배움이 될 것이다.

떼잔차질(영어로는 'Critical Mass'라 부른다)은 자전거만이 누릴 수 있는 참신한 문화현상이고 또 하나의 도시 속 자전거 여행이다. 자전거 다큐영화 〈스코처의 귀환〉을 보면 신호등이 없는데도 자동차와 자전거 사이에 무언의 합의가 작동하는 장면이 있다. 천천히 모여든 자전거들의 수가 무시할 수 없는 상황(영화의 등장인물은 이를 'Critical Mass'라고 불렀다)에 이르면 자동차의 양보를 얻어 길을 건너는 것이다. 이후 1992년 9월 샌프란시스코에서 본격적으로 시작된 이 운동은 미국 전역은 물론 세계 주요 도시로 들불처럼 퍼져나가고 있다.

우리 사회에서도 2001년부터 '발바리'라는 모임이 주축이 되어 '떼잔차질'이라는 이름으로 매월 셋째 주 토요일 오후에 주요 도시 한복판에서 차선 하나를 차지하고 수십, 수백 명이 모여 자전거 행진을 한다. "자전거면 충분하다"는 자전거 현수막을 걸고서. 이건 매월 열리는 도심 속 작은 자전거 여행학교다. 자전거면 충분하다는 말이 함축하고 있는 의미들을 음미하면서 도심의 차도를 가르는 해방의 질주를 하고, 함께한 동료들과 뜨거운 연대의 인사를 나누고… 사실 공부는 "이걸로 충분하다."

대안적인 경제문화 시스템 '바이쿱'

이제부터는 자전거학교의 지속가능성과 재학·졸업생들의 재정적 독립을 보장하면서 또한 대안적 경제시스템을 만들어갈 수 있는 모델을 상상해보자. 바로 '바이쿱'(Bi-Coop, Bike Cooperative Society의 약어로 자전거협동조합이라는 뜻)이다.

우선 최소 300명 이상의 조합원을 모은다. 조합원 자격은 자전거를 사랑하고 대안적인 경제와 문화로 살고자 하는 사람 정도면 충분할 것이다. 조합 출자금은 3만 원 이상, 월 조합비는 형편대로 5천 원부터 자유롭게 낼 수 있다. 조합원들에게 주는 혜택은 풍성하다. 우선 '바이쿱'의 자전거공방이 제공하는 자전거 정비 코스의 수강료가 면제되고, 자전거 정비를 위한 장비도 무료로 사용할 수 있다. 자전거공방에서의 물품 구매, 자전거 여행, 그 밖의 캠프 참가 시 할인 혜택 등이 주어진다. 바이쿱의 운영 원리는 고용되지 않는 노동 양식, 즉 워커스 콜렉티브Worker's Collective다. 일하는 사람이 출자하고 경영을 하기 위해 스스로 조직하는 인적자원의 결합체이다.

사업 내용을 살펴보자. 먼저 가장 기본적인 사업 아이템은 자전거공방이다. 여기서는 자전거 개발과 판매, 정비가 이루어지는데 시민들을 위한 자전거 정비 코스를 마련하고 스스로 정비할 수 있도록 공구와 공간을 제공해준다. 일반 기성품 자전거 판매도 하지만 주력 아이템은 맞춤형 자전거Customized Bike다. 개인의 체형, 용도, 취향에 따라 프레임, 휠, 안장, 핸들 등을 다양하게 개발해준다. 소재도 하이텐, 크로몰리, 알미늄 및 스칸듐, 티타늄, 카본 등 주문에 맞춰 제작이 가능하다. 자전거 장인을 찾아보기 어려운 요즘, 자전거학교의 재학·졸업생들의 실력이 이 사업의 현실화를 뒷받침하게 될 것이다. 또 지자체와 협조해 여기저기 버려진 자전거들을 수리 판매하거나 공용자전거 이용시설을 운영하는 파트너 역할도 할 수 있겠다. 이 사업은 자원의 생태적 순환을 활성화하기도 하면서 일자리 창출도 촉진하는 여러 가지 효과를 가져올 것이다.

다음은 자전거 택배 사업Bike Messenger이다. 영화 〈퀵실버〉나 〈메신저〉에 나오는 자전거 택배일을 사업으로 현실화해보는 거다. 실제로 도시에서의 자전거 속도는 10km 이내일 경우 자동차보다 빠르고 오토바이와는 비슷하다고 한다. 화석연료를 태우지 않고 원하는 곳에 원하는 물품을 제 시간에 배달해주는 친환경 사업이니만큼 시민단체나 관공서에 적극적으로 알린다면 사업적으로도 승산이 있을 뿐 아니라 사회적으로도 큰 공감을 얻을 수 있을 것이다.

또 자전거 메신저는 일차적으로 노동이기도 하지만 그 자체로 운동이기도 하고 놀이이기도 한 재미있는 일이다. 아마 메신저백messenger bag만을 사용해서는 큰 물품의 운반에 한계가 있으므로 뒷짐받이가 필요할 것이다. 기존의 쌀배달 자전거는 무겁고 기어가 없어 경사진 곳을 다니기 힘들지만 24단 기어에 가벼운 짐받이가 달린 자전거는 훨씬 가볍고 빠른 운행이 가능할 것이다. 이 역시 자전거공방에서 제작 가능한 일이다.

그 밖에도 주말에 자전거도로의 거점에다 이동식 자전거호프집을 운영해보면 어떨까. 내가 자주 다니는 안양-광명-구로-목동-여의도-잠실-양재-과천-안양으로 이어지는 일명 하트 코스를 타다 보면, 한강변 편의점 외에는 시원한 맥주 한 잔 마실 곳이 없다. 목은 타들어가고 흐르는 땀을 주체할 수 없는 길목에 시원한 이동식 생맥주집 하나 있다면 어떨까? 아마 사막에서 신기루를 만난 기분일 거다.

바이쿱을 통해 꼭 해보고 싶은 사업이 또 있다. 지자체와 협력해서 도시의 일상 속에 생태적인 자전거 문화를 접목시키는 일이다. 예를 들자면, 곳곳에 방치되어 있는 오솔길을 자전거 산책로로 가꾸는 일이다. 또 자전거를 타고 가다 편히 쉴 수 있는 쉼터나 자전거 여행자들의 숙소, 시민들이 자전거의 기본 원리를 배우고 스스로 정비할 수 있는 교육센터 겸 정비 공간, 간단한 음료와 식사를 하면서 문화적 향유를 누리는 '자전거 생태문화센터'를 함께 만들어보면 어떨까. 이런 일들을 생태적 마인드가 있는 지자체와 공동으로 하거나 컨설팅을 해주는 거다. 우리가 누군가? 자전거 전문가이기도 하지만 생태도시공학

까지 공부한, 적어도 우리 사회에서는 드문 전문가들 아닌가!
물론 이런 상상들이 당장의 현실로 나타날 수는 없을 것이다.
하지만 꿈 깨고 나면 허망한 일장춘몽 같은 상상은 결코 아니
라고 생각한다. 머지 않은 미래에 충분히 가능한 일이란 걸 나
는 확신한다.

　충남 홍성에 있는 '풀무 전공부'는 철학 있는 농사꾼, 실력
있는 농사꾼을 길러낸다는 기치를 걸고 2001년 문을 열었다.
우여곡절도 많았지만 학생을 가르치는 배움터로서의 역할뿐
아니라 다양한 영역에서 지역사회에 없어선 안 될 공동체운동
의 거점 역할을 하고 있다. 창업생(졸업생) 중에는 믿음직한 농
부도 여럿 배출되었고, 최근에는 유기농업 분야 외에도 농협,
생협 및 연구소에서 중추적 역할을 담당하는 일꾼들도 나오고
있다. 졸업 후 지역사회에서 삶의 터전을 일구는 젊은이들이
늘어간다니 반가운 일이 아닐 수 없다. 물론 풀무 전공부는 제
도적으로 보장된 체계 안에 있는 것이긴 하다. 그러나 제도의
안이든 밖이든 그게 그리 중요하겠는가. 오히려 기성 대학 외
에 별다르게 뾰족한 대안을 찾지 못하는 안타까운 우리의 현실
을 보자면 여기에 우리가 추진해봄직한 유력한 대안적 진로의
시사점이 있다고 본다.

　너무 무겁지 않게 그러나 책임성 있게 더 많은 제2, 제3의 풀
무 전공부가 다양한 영역에서 나왔으면 하는 바람으로 '자전거

전공부-자전거학교와 바이쿱'을 제안한다. 그리고 여기저기에서 다양한 상상력을 현실화해가는 용기 있는 결단과 실천을 기대한다. 파란 하늘이 눈부신 어느 날, 서울 근교의 자전거길 어느 쉼터에서 동지들과 함께 자전거학교와 바이쿱에 대해 열띠게 토론하는 풍경을 들뜬 마음으로 기다린다.

(vol. 76, 2011. 7-8)

스스로 서서 서로를 살리는 교육으로 가는
길가에 핀 '민들레'를 만나보세요.

정기구독 신청

교육=학교교육이라는 통념을 깨고

삶이 곧 배움이 되는 새로운
교육문화를 만들어갑니다.
가르침과 배움의 경계를 허물고
함께 배우고 성장하고자 하는
이들이 손을 잡을 수 있게 돕습니다.
자기가 선 곳에서 교육을 바꾸어가는
부모와 교사, 학생들이
전국 70여 군데에서 활발히
독자모임을 이어가고 있습니다.

민들레가 전하는 다양한 교육 이야기

대안학교, 혁신학교, 홈스쿨링,
발도르프교육, 공립 대안학교,
농촌유학, 공동육아, 품앗이육아,
마을교육공동체, 놀이와 놀이터,
젠더 교육, 디지털 리터러시 등
아이들의 양육과 교육에 관한
다양한 주제를 다룹니다.

최근 일 년간의 민들레 기획 특집

134호 _ 모두를 위한 교육, 통합교육

135호 _ 아동학대를 멈추는 길

136호 _ 삶에 응답하는 글쓰기

137호 _ 공간혁신, 교육혁신?

138호 _ 성격유형검사, 인간을 이해하는 방법?

139호 _ '영끌 투자' 시대의 교육

구독 안내

낱권 11,000원
일 년 구독료 66,000원

10명 이상 함께 신청하시면
구독료를 10% 할인해 드립니다.

정기구독을 하시면 민들레에서 펴낸 책
구입 시 10% 할인해 드립니다.

민들레 02) 322-1603 | www.mindle.org
mindle1603@gmail.com